Literaturas africanas e afro-brasileira na prática pedagógica

APOIO

Ministério da Educação

Secretaria de Ensino Superior (SESU)

Secretaria de Educação Continuada, Alfabetização e Diversidade (SECAD)

Programa UNIAFRO II

PARCERIA

Núcleo de Inclusão Racial (PUC Minas)

REALIZAÇÃO

Programa Ações Afirmativas na UFMG

Coleção Cultura Negra e Identidades

Iris Maria da Costa Amâncio
Nilma Lino Gomes
Miriam Lúcia dos Santos Jorge

Literaturas africanas e afro-brasileira na prática pedagógica

2ª edição

autêntica

Copyright © 2008 Os autores
Copyright © 2008 Autêntica Editora

Todos os direitos reservados pela Autêntica Editora. Nenhuma parte desta publicação poderá ser reproduzida, seja por meios mecânicos, eletrônicos, seja via cópia xerográfica, sem a autorização prévia da editora.

COORDENADORA DA COLEÇÃO
Nilma Lino Gomes

CONSELHO EDITORIAL
Marta Araújo – Universidade de Coimbra; Petronilha Beatriz Gonçalves e Silva – UFSCAR; Renato Emerson dos Santos – UERJ; Maria Nazareth Soares Fonseca – PUC Minas; Kabengele Munanga – USP

PROJETO GRÁFICO DA CAPA
Patrícia De Michelis

EDITORAÇÃO ELETRÔNICA
Conrado Esteves e Eduardo Queiroz

REVISORA
Dila Bragança de Mendonça

Dados Internacionais de Catalogação na Publicação (CIP)
(Câmara Brasileira do Livro)

Amâncio, Iris Maria da Costa
   Literaturas africanas e afro-brasileira na prática pedagógica / Iris Maria da Costa Amâncio, Nilma Lino Gomes, Míriam Lúcia dos Santos Jorge. – 2.ed. — Belo Horizonte: Autêntica Editora, 2014.

Bibliografia
ISBN: 978-85-7526-301-3

1. Ação afirmativa – Programa 2. Cultura afro-brasileira 3. Literaturas africanas (Português) – História e crítica 4. Pedagogia 5. Prática de ensino I. Gomes, Nilma Lino. II. Jorge, Miriam Lúcia dos Santos

08-01944   CDD-379.2608996081

Índice para catálogo sistemático:
1. Afro-brasileiros: Ações afirmativa: Educação 379.2608996081

Belo Horizonte
Rua Aimorés, 981, 8º andar . Funcionários
30140-071 . Belo Horizonte . MG
Tel.: (55 31) 3214 5700

Televendas: 0800 283 13 22
www.grupoautentica.com.br

São Paulo
Av. Paulista, 2.073, Conjunto Nacional,
Horsa I . 23º andar, Conj. 2301 . Cerqueira César .
01311-940 . São Paulo . SP
Tel.: (55 11) 3034 4468

Deu-se um passo em frente e creio que continuaremos a marchar ao encontro dos nossos povos, das nossas culturas, que devidamente valorizadas pelas mãos dos seus intelectuais servirão de mais um elemento válido na diversidade do mundo que contribuirá para a harmonia dos homens e sua maior felicidade.[...]

Cantar com a nossa voz é indispensável para a harmonia do mundo. Cabe aos artistas encontrar as formas adequadas ao nosso canto.

Agostinho Neto
Lisboa, Casa dos Estudantes do Império,
18 de novembro de 1959.

Os amados fazem-se lembrar pela lágrima [...]
(Extrato do dito de Tizangara do
livro *O último voo do Flamingo*, Mia Couto).

À professora Grace Ananias Nascimento,
in memoriam.

AGRADECIMENTOS

A todas as professoras e professores das redes pública e privada de ensino que participaram do I Curso de Aperfeiçoamento em História da África e das Culturas Afro-brasileiras (2005/2006).

Aos (às) docentes que ministraram as disciplinas durante o Curso de Aperfeiçoamento.

Às (aos) bolsistas do Programa Ações Afirmativas na UFMG.

À Pró-Reitoria de Extensão da UFMG.

À Faculdade de Educação da UFMG.

Sumário

Introdução... 13

Breve descrição do I Curso de Aperfeiçoamento
em História da África e das Culturas Afro-Brasileiras
Nilma Lino Gomes.. 19

Lei 10.639/03, cotidiano escolar e literaturas de matrizes
africanas: da ação afirmativa ao ritual de passagem
Iris Maria da Costa Amâncio.. 31

O universo literário africano de Língua Portuguesa como ferramenta
para a efetivação da Lei 10.639/03
Iris Maria da Costa Amâncio.. 47

Literaturas africanas e afro-brasileira na prática pedagógica
Miriam Lúcia dos Santos Jorge e Iris Maria da Costa Amâncio..................... 105

Interagindo com textos literários africanos e afro-brasileiros
Iris Maria da Costa Amâncio.. 125

Algumas palavras finais
Nilma Lino Gomes.. 149

Referências: crítica e historiografia... 153

Anexos.. 159

As autoras.. 163

Introdução

O livro **Literaturas Africanas e Afro-brasileira na prática pedagógica** integra um projeto maior intitulado *Novos Percursos e Novos Horizontes de Formação: a continuidade das Ações Afirmativas para universitários negros na UFMG*, apoiado pelo Programa UNIAFRO II (MEC/SESU/SECAD) e realizado pela equipe do *Programa Ações Afirmativas na UFMG*, nos anos 2006 e 2007. O próprio nome do projeto já revela o seu caráter de continuidade, pois nos anos de 2005 e 2006 o *Programa Ações Afirmativas na UFMG* obteve aprovação no edital *UNIAFRO I* (MEC/SESU/SECAD), que possibilitou a realização de vários projetos na articulação entre ensino, pesquisa e extensão. A continuidade desse trabalho mediante aprovação no edital seguinte tem como um dos seus desdobramentos o livro que agora vem a público.

No entanto, é bom destacar o objetivo principal do *Programa Ações Afirmativas na UFMG* ao se candidatar e conduzir os projetos aprovados nos editais dos Programas UNIAFRO I e II (MEC/SESU/SECAD): dar continuidade a uma proposta de ação afirmativa baseada em dois eixos de orientação: (a) fortalecer a trajetória acadêmica de alunos e alunas negros(as) da graduação, via a sua inserção em projetos de ensino, pesquisa e extensão; (b) contribuir para a formação continuada de professores(as) da Educação Básica para a diversidade étnico-racial.

Entre as várias atividades e projetos realizados no contexto do UNIAFRO I, destacamos o *I Curso de Aperfeiçoamento em História da África e das Culturas Afro-Brasileiras*. Essa iniciativa é, na verdade, o aprimoramento do projeto de extensão *Identidades e Corporeidades Negras – Oficinas Culturais*, uma proposta de ensino e extensão voltada para a formação continuada de professores(as) para a diversidade étnico-racial, realizada pela equipe do *Programa Ações Afirmativas na UFMG* nos anos de 2003 e 2004. Os resultados desse projeto e a implementação da Lei 10.639/03, do Parecer nº 003/04, do Conselho Nacional de Educação (CNE) e da Resolução CNE/CP 01/2004, que instituíram a obrigatoriedade do ensino de História da África e das Culturas Afro-Brasileiras nos currículos das escolas públicas e particulares da Educação Básica, impulsionaram a reformulação e o aprimoramento dessa experiência transformando-a, nos anos de 2005 e 2006, em curso de aperfeiçoamento.

Como se trata da primeira iniciativa de aperfeiçoamento na UFMG voltada para tal temática, a realização, os limites e os acertos desse curso refletem amadurecimento e representam um desafio para a equipe que o elaborou, geriu e ministrou as aulas. Além disso, ao instituir como proposta de avaliação final das disciplinas a realização de projetos de intervenção na escola, o curso privilegiou relação entre teoria e prática pedagógica por meio da elaboração de atividades pedagógicas e/ou projetos de trabalho na perspectiva da Lei 10.639/03.

Essa proposta de avaliação final desencadeou uma série de sugestões e ações realizadas nas diferentes escolas representadas no curso e não poderiam ser desperdiçadas. A equipe do *Programa Ações Afirmativas na UFMG* e alguns professores que atuaram no curso de aperfeiçoamento foram instigados a dar visibilidade a esse conjunto de intervenções positivas.

Sabendo da necessidade de socialização de práticas e projetos pedagógicos significativos que caminhem na perspectiva da Lei 10.639/03, propusemos, no contexto do edital UNIAFRO II, a publicação dos trabalhos finais das disciplinas ministradas durante o curso, destacando a autoria e a coautoria dos professores e professoras da Educação Básica que dele participaram. Inicialmente, era nosso objetivo realizar um edital interno entre os(as) professores(as) cursistas, abrangendo todas as disciplinas, para que os interessados(as) pudessem se inscrever e apresentar seus projetos e atividades realizadas na escola. Porém, os limites do tempo e a aprovação no segundo edital do *Programa UNIAFRO* trouxeram uma série de novas ações ao *Programa Ações Afirmativas na UFMG* e acabaram inviabilizando a realização, na íntegra, da proposta inicial. Decidimos, portanto, restringir a abrangência da publicação e eleger dentre as disciplinas ministradas aquela que, no contexto da Lei 10.639/03, carece de maior investimento no que se refere à formulação de propostas teórico-práticas na Educação Básica e cujos trabalhos finais tivessem recebido uma boa avaliação por parte do(a) professor(a) que a ministrou. A escolha recaiu sobre a disciplina *Literaturas Africanas e Afro-Brasileiras: principais autores e tendências.*

A docente responsável pela disciplina, Profa. Iris Maria da Costa Amâncio, nos falou com muito entusiasmo do caráter inovador de algumas atividades propostas pelas professoras/cursistas no trabalho de avaliação final. Segundo ela, tais experiências mereciam ser divulgadas. Para acabar de reforçar a nossa opção, a Profa. Íris, como estudiosa das questões africanas e afro-brasileiras no contexto literário, possuía um rico acervo de textos de autores africanos e afro-brasileiros, que ainda não eram do conhecimento do grande público, e desejava divulgá-los de maneira articulada com a discussão teórico-prática. Tudo isso colaborou para a nossa escolha e para a realização do presente livro.

Ao explicitar os motivos da escolha e da mudança da proposta original gostaríamos de enfatizar o reconhecimento da importância das outras disciplinas do curso e o trabalho competente realizado pelos docentes. Caso não estivéssemos diante dos limites narrados, certamente faríamos um empenho em manter a proposta inicial apresentada ao edital e selecionaríamos um grupo de trabalhos resultantes das seis disciplinas ministradas.

Para a produção do livro, entramos em contato com todos as professoras/cursistas que apresentaram trabalhos de final de curso na disciplina *Literaturas Africanas e Afro-Brasileiras: principais autores e tendências*, a fim de saber do seu interesse em participar da coletânea. Para tal, lançamos mão dos telefones, endereços e e-mails que tínhamos no arquivo do curso de aperfeiçoamento. Após explicar a cada uma a proposta do trabalho e, mediante aceitação, solicitamos a autorização por escrito da publicação da atividade, a fim de cumprir com os procedimentos éticos necessários. Nesse processo, contamos com a valiosa participação da bolsista de iniciação científica e integrante do *Programa Ações Afirmativas na UFMG*, Solange dos Santos Bueno de Moraes, aluna do curso de Psicologia da UFMG. A sua participação, bem como dos outros bolsistas que nos ajudaram a implementar o curso de aperfeiçoamento constitui um dos objetivos principais do *Programa Ações Afirmativas na UFMG*, a saber, o fortalecimento acadêmico de alunos(as) negros(as) de diferentes cursos da graduação da UFMG.

Nesse processo, era preciso ainda selecionar, catalogar e organizar as diversas atividades propostas pelas cursistas. Para tal contamos com a participação da Profa. Miriam Lúcia dos Santos Jorge, membro da equipe do *Programa Ações Afirmativas na UFMG*.

A descrição desse longo percurso poderá ajudar o leitor e a leitora a compreender melhor não só a proposta como também a forma como o livro foi organizado. Dessa forma, no artigo que abre a coletânea, intitulado *Breve descrição do I Curso de Aperfeiçoamento em História da África e das Culturas Afro-brasileiras*, Nilma Lino Gomes apresenta a descrição do curso que deu origem à proposta aqui apresentada. Por meio da leitura desse artigo, o leitor e a leitora compreenderão o contexto do curso ministrado pelo *Programa Ações Afirmativas na UFMG*, no qual se localiza a disciplina *Literaturas Africanas e Afro-Brasileiras: principais autores e tendências* e os trabalhos selecionados nessa coletânea.

No segundo artigo, *A Lei 10.639/03, cotidiano escolar e literaturas de matrizes africanas: da ação afirmativa ao ritual de passagem*, a Profa. Iris Maria da Costa Amâncio apresenta uma discussão sobre a Lei e sua relação com a produção de novos rituais pedagógicos. Enfatiza também o lugar ocupado pelo trabalho com as culturas africanas, afro-brasileiras e a literatura na escola. Esse capítulo introduz e dá suporte teórico para os textos constantes da coletânea.

O terceiro artigo, *O universo literário africano como ferramenta para a efetivação da Lei 10.639/03*, também de autoria da Profa. Iris Maria da Costa Amâncio, traz referências sobre o continente africano, com destaque para os países africanos de língua portuguesa. É nesse contexto que são apresentados os textos de vários autores e autoras africanos e afro-brasileiros e os respectivos contextos de sua produção. São textos que possibilitam a elaboração e a efetivação de projetos interdisciplinares na escola e poderão ser trabalhados pelos professores e professoras da Educação Básica, no contexto da Lei 10.639/03.

O quarto artigo, *Literaturas africanas e Afro-brasileira na prática pedagógica*, foi escrito em dupla pelas professoras Miriam Lúcia dos Santos Jorge e Iris Maria da Costa Amâncio. Nele estão contidas as atividades pedagógicas cotidianas propostas pelas professoras/cursistas no seu trabalho final de disciplina e uma discussão sobre as possibilidades de interação entre os textos dos autores e autoras apresentados, e o trabalho em sala de aula. Nesse momento, é destacada a autoria das professoras/cursistas, profissionais de escolas da Educação Básica de Belo Horizonte e Região, na sua maioria, pública.

O livro apresenta ainda uma breve conclusão, na qual se enfatiza a importância de experiências que articulem ensino, pesquisa e extensão na perspectiva da diversidade étnico-racial. Um trabalho que já foi realizado em diferentes partes do Brasil por alguns centros de educação e pelos Núcleos de Estudos Afro-brasileiros (NEABs) e que vem se consolidando com a implementação da Lei 10.639/03. Essa lei tem possibilitado o surgimento de programas como o UNIAFRO I e II e uma participação mais efetiva do Ministério da Educação e de algumas de suas secretarias. Destacamos o investimento de recursos públicos em projetos voltados para a educação das relações étnico-raciais e para o ensino de História e Cultura Afro-Brasileira e Africana na Educação Básica e no ensino superior, uma iniciativa inédita na educação brasileira e que merece ser destacada.

Incluímos também anexos nos quais apresentamos algumas referências sobre a produção literária africana de língua portuguesa, a saber: (a) classificação das literaturas africanas de língua portuguesa, segundo Manuel Ferreira; (b) abordagens discursivas das literaturas africanas de língua portuguesa, segundo Manuel Ferreira; (c) abordagens discursivas das literaturas africanas de língua portuguesa, atualizadas por Iris Amâncio.

É importante ressaltar ainda que a realização deste livro é mais um marco na parceria estabelecida entre o *Programa Ações Afirmativas na UFMG* e o Núcleo de Inclusão Racial da PUC Minas, o qual a Profa. Iris Maria da Costa Amâncio coordena. Este e outros projetos conjuntos por nós realizados apontam para a riqueza da parceria interinstitucional na perspectiva das ações afirmativas.

Nilma Lino Gomes
Professora da FAE/UFMG
Coordenadora-Geral do Programa Ações Afirmativas na UFMG

Breve descrição do I Curso de Aperfeiçoamento em História da África e das Culturas Afro-Brasileiras

Nilma Lino Gomes

> *Quanto mais complexas se tornam as relações entre educação, conhecimento e cotidiano escolar; cultura escolar e processos educativos; escola e organização do trabalho docente, mais o campo da Pedagogia é desafiado a compreender e apresentar alternativas para a formação dos seus profissionais.*
>
> (Nilma Lino Gomes; Petronilha B. Gonçalves e Silva, 2006)

O I Curso de Aperfeiçoamento em História da África e das Culturas Afro-Brasileiras, realizado nos anos de 2005 e 2006 pelo *Programa Ações Afirmativas na UFMG* e aprovado pela Pró-Reitoria de Extensão da UFMG, contemplou um público-alvo diversificado: professores e professoras da Educação Básica das redes municipal, estadual e particular de Belo Horizonte e Região Metropolitana, gestores e pedagogos escolares e professores do Centro Pedagógico da UFMG.

O trabalho foi realizado nas dependências da Faculdade de Educação da UFMG e contou com a participação de professores(as) convidados, especialistas de várias áreas do conhecimento que ministraram disciplinas na perspectiva da Lei 10.639/03. Trabalhou-se com seis disciplinas contemplando o total de 180 horas-aula. Além da carga horária obrigatória, ao longo do curso, os(as) professores/ cursistas foram informados sobre diversas atividades e eventos relativos à questão racial e africana dentro e fora da cidade de Belo Horizonte. Também receberam informações sobre eventos voltados para essa temática realizados pelo *Programa Ações Afirmativas na UFMG*. Essa carga horária de enriquecimento também contou com duas visitas monitoradas: uma até a comunidade dos Arturos, em Contagem (MG), e outra a uma comunidade-terreiro no mesmo município.

A disciplina *Literaturas Africanas e Afro-Brasileira: principais autores e tendências*, da qual selecionamos as vinte propostas de atividades que compõem o quarto artigo deste livro, encontra-se nesse contexto. Dessa forma, antes de apresentarmos de maneira detalhada cada uma das propostas elaboradas pelas docentes/cursistas no decorrer da disciplina, faz-se necessário dar uma visão global do curso, destacando as ementas, os(as) professores(as) convidados(as) e os critérios de avaliação, entre outros aspectos.

De um modo geral, o curso como um todo foi bem avaliado. Os limites apresentados pelos professores/cursistas e as críticas referentes aos professores, ao conteúdo das disciplinas, às ausências de discussões consideradas relevantes, à infraestrutura, ao acompanhamento e à coordenação das atividades contribuíram para o aperfeiçoamento da segunda oferta, realizada no ano de 2007. Esse aperfeiçoamento consistiu em algumas mudanças na infraestrutura do curso: a introdução da disciplina *Ética e Educação* e a distribuição da discussão sobre lutas e resistências negras em todas as disciplinas ministradas. Além disso, foi introduzido um módulo temático sobre corporeidade e dança afro-brasileira e mais algumas visitas monitoradas.

É sabido que a Lei 10.639/03 tem motivado uma série de ofertas de cursos de aperfeiçoamento e de especialização a respeito da História da África e da cultura afro-brasileira nos diversos estados brasileiros. No entanto, ainda não foi possível um mapeamento dessas experiências nem a análise dos currículos e dos impactos sobre os egressos. A fim de contribuir com esse processo, apresentamos na íntegra a proposta do *I Curso de Aperfeiçoamento* realizado pelo *Programa Ações Afirmativas na UFMG*. Acreditamos que o conhecimento dos objetivos, da metodologia, da estrutura curricular, das ementas das disciplinas, da distribuição da carga horária e dos critérios de avaliação poderá inspirar experiências semelhantes, bem como proporcionar sugestões e críticas para o aperfeiçoamento do curso.

Como se trata da primeira experiência desse porte realizada tanto pelo *Programa Ações Afirmativas na UFMG* quanto pela própria universidade, reconhecemos a presença de limites e a necessidade de avançar. Um deles refere-se aos recursos financeiros e à pouca disponibilidade de tempo dos especialistas da temática afro-brasileira e africana residentes em diferentes lugares do Brasil. Estes últimos geralmente encontram-se envolvidos em suas instituições de ensino e pesquisa, além de realizar conferências, palestras, debates e aulas, atividades próprias da docência no ensino superior da qual fazem parte. Isso inviabilizou a participação de convidados externos ao Estado de Minas Gerais.

Além disso, o Programa se defrontou com um limite: nem sempre os intelectuais de renome que discutem História da África possuem experiência e desenvoltura para trabalhar a temática com professores(as) da Educação Básica. Muitos deles têm suas ações restritas ao ensino superior e à pesquisa acadêmica. Tal situação revela que a implementação da Lei 10.639/03 e suas respectivas diretrizes curriculares apontam mais um desafio, especificamente, no que se refere aos estudos sobre história e cultura africana realizados nos centros de pesquisa do Brasil. Este se refere ao distanciamento entre os produtores de conhecimento científico sobre a temática africana e as questões étnico-raciais no Brasil e a formação de professores da Educação Básica. A relação pedagógica, a dimensão didática e a capacidade de transposição didática dos resultados das pesquisas articuladas às práticas pedagógicas em sala de aula demandam uma competência pedagógica específica, que nem sempre faz parte do perfil dos intelectuais que produzem pesquisa no ensino superior. Há um campo importante da docência, da relação pedagógica, da abertura e da escuta para compreender os dilemas práticos vividos pelos professores no cotidiano das escolas da Educação Básica, que necessita ser considerado, compreendido e explorado pelos intelectuais, principalmente quando estes se dispõem a aproximar-se da realidade da escola pública brasileira.

Essa situação, somada às exigências legais do edital UNIAFRO I, que proíbe a contratação de funcionários públicos para prestar serviço nas diversas ações dos projetos nele aprovados, trouxe dificuldades mas também possibilitou alternativas interessantes. Ela forçou a equipe do *Programa Ações Afirmativas na UFMG* a olhar para os próprios quadros intelectuais e sua experiência nas diversas temáticas sobre as relações raciais e África no próprio Estado de Minas Gerais. Foi possível a realização de um intercâmbio entre quadros intelectuais, com ou sem atuação política no Movimento Negro, que puderam compartilhar, refletir e aprofundar seus estudos realizados no mestrado, no doutorado e suas pesquisas em andamento, na perspectiva da Lei 10.639/03. Assim, buscou-se trabalhar com aqueles que, além de reconhecida competência acadêmica na sua área do conhecimento, apresentavam uma postura pedagógica e política coerente com os princípios e os objetivos do *Programa Ações Afirmativas na UFMG*. A escolha dessa equipe foi aperfeiçoada no ano seguinte, quando da oferta do *II Curso de Aperfeiçoamento*.

Esse foi, em linhas gerais, o contexto vivenciado durante a realização do *I Curso de Aperfeiçoamento*, do qual faz parte a disciplina *Literaturas africanas e afro-brasileira: principais autores e tendências.* Apresentamos, a seguir, a estrutura e a organização do curso.

Objetivos

Geral

Realizar um processo de formação continuada de professores da Educação Básica voltado para a educação das relações étnico-raciais e para o estudo da História da África e das Culturas Afro-Brasileiras, na perspectiva da Lei 10.639/03, do Parecer CNE/CP 003/2004 e da Resolução CNE/CP 01/2004 (que tornam obrigatório o ensino de História da África e das Culturas Afro-Brasileiras nas escolas da Educação Básica públicas e privadas).

Específicos

a) Realizar um curso de aperfeiçoamento voltado para a formação continuada de professores da Educação Básica para a diversidade étnico-racial a partir do enfoque conceitual de ações afirmativas e da Lei 10.639/03, do Parecer CNE/ CP 003/2004 e da resolução CNE/CP 01/2004;

b) Produzir conhecimento sobre relações raciais no Brasil e ações afirmativas numa perspectiva interdisciplinar.

c) Possibilitar a troca e o diálogo entre professores, gestores e pedagogos tendo como eixo central o trabalho com a questão racial na escola.

d) Possibilitar aos docentes o desdobramento dos conhecimentos adquiridos no curso, nos processos coletivos de trabalho junto a outros profissionais da educação e no interior da sala de aula, inspirando novas reflexões e práticas.

Metodologia

Consideramos que um projeto de formação continuada não pode ser construído ignorando o conjunto das dimensões que envolvem o ato educativo. Os contextos institucionais e sociais que enquadram as práticas dos professores são diversos, e as demandas por educação se constroem em campos bastante diferentes. Um projeto de formação continuada é, em si, um espaço de interação entre as dimensões pessoais e profissionais em que aos professores é permitido apropriar-se dos próprios processos de formação e dar-lhes um sentido no quadro de suas histórias de vida.

Em se tratando do trabalho com a questão racial, focalizado nesse curso a partir do trabalho com a História da África e das culturas afro-brasileiras e do reconhecimento da pouca inserção de tal discussão seja na formação inicial, seja na formação continuada dos professores, o desafio de realização do *I Curso de Aperfeiçoamento* tornou-se ainda maior. Nesse sentido, a linha pedagógica adotada visou garantir nas seis disciplinas ofertadas, assim como na aula inaugural e de encerramento um enfoque "afirmativo" da temática racial, destacando a riqueza da participação do negro como sujeito na história do Brasil, a diversidade e a multiplicidade de expressões culturais afro-brasileiras, assim como o entendimento de termos e conceitos usados no cotidiano da sociedade e da escola quando nos referimos ao segmento negro da população.

O curso teve como eixo pedagógico a inserção da discussão sobre a questão racial no contexto da diversidade cultural brasileira e africana de maneira mais ampla. Consideramos relevante que os(as) professores(as) participantes dessa experiência de extensão reconhecessem a riqueza e a diversidade cultural de nossa sociedade entendendo que fazem parte da vida dos seus alunos e alunas.

Cada disciplina privilegiou no seu desenvolvimento trabalhos coletivos entre os docentes a fim de que eles pudessem adquirir competência para articular projetos e fossem capazes de evidenciar as contribuições de sua área de conhecimento no contexto escolar.

Essas atividades coletivas também objetivavam favorecer contatos, intercâmbios e experiências entre os profissionais da Educação Básica oriundos de diversas licenciaturas, que atuam desde a educação infantil até o Ensino Médio, bem como gestores(as) e pedagogos(as). A proposta de uma turma com caráter tão heterogêneo e interdisciplinar justifica-se pela própria natureza da discussão sobre a questão racial, que transversaliza todas as áreas do conhecimento e todos os anos da Educação Básica. Esse caráter abrangente está bem discutido e apresentado nas diretrizes curriculares nacionais para a aplicação da Lei 10.639/03, elaboradas pelo CNE.

O curso consistiu na formação de uma turma de 40 alunos(as), perfazendo 180 horas, realizadas aos sábados, com 8 horas de atividades docentes. A carga horária total de cada disciplina corresponde a 30 horas-aula, com períodos definidos para atividades de estudo e pesquisa na biblioteca da Faculdade de Educação, ao longo do período de 06 meses. Além disso, a oferta incluiu a realização de duas palestras às sextas-feiras, à noite, programadas como aula inaugural e aula de encerramento, além de visitas monitoradas.

A escolha por essa organização reflete o cuidado para que cada professor(a) contemplado tivesse a possibilidade de participar, sem que as suas atividades profissionais no cotidiano de segunda a sexta-feira fossem prejudicadas. Essa organização foi construída também a partir das avaliações sobre os limites entre tempo da escola, tempo de formação em serviço e organização do trabalho na escola, percebidas durante a realização das oficinas culturais ofertadas pelo Programa Ações Afirmativas na UFMG durante os anos de 2003 e 2004.

Uma das características de ação afirmativa do curso diz respeito à atuação dos bolsistas de extensão. Como um dos objetivos principais do Programa Ações Afirmativas na UFMG é o fortalecimento acadêmico de alunos e alunas negros(as) da graduação, todo o trabalho foi acompanhado por dois bolsistas que deram suporte aos professores(as) convidados(as). Além disso, os alunos(as) apoiaram os professores/cursistas na realização de atividades de campo e/ou projetos de trabalho solicitados pelos docentes.

A inserção dos(as) alunos(as) em toda e qualquer atividade do Programa Ações Afirmativas na UFMG vai além do apoio técnico e pedagógico. Por isso, juntamente com os bolsistas, o curso incluiu todos os(as) alunos(as) do Programa, inseridos em diferentes projetos, que se dispuseram a participar. Estes receberam o certificado de capacitação como forma de aproveitamento curricular.

Estrutura curricular (cada 15 horas equivale a 1 crédito)

Nome da(s) Disciplina(s)	Carga Horária	Créditos	Docente Responsável	Instituição
Introdução ao estudo da África Negra	30 h/a	2	Profa. Dra. Liana Maria Reis	PUC Minas
Lutas e resistência negra no Brasil	30 h/a	2	Profa. Dra. Silvani Valentim	CEFET/MG
História do negro na educação brasileira	30 h/a	2	Prof. Dr. Marcus Vinícius Fonseca	Doutor em Educação pela USP
Relações étnico-raciais e a questão racial na sala de aula	30 h/a	2	Profa. Dra. Santuza Amorim da Silva	UEMG
Literaturas africanas e afro-brasileira: principais autores e tendências	30 h/a	2	Profa. Dra. Iris Amâncio	PUC Minas
Juventude negra, grupos culturais e escola	30 h/a	2	Prof. Ms. Cláudio Emanuel dos Santos	Centro Pedagógico/ UFMG

* Apresentamos a vinculação institucional atualizada dos(as) docentes. Nos anos de 2005 e 2006, alguns deles ocupavam outros cargos e faziam parte de outras instituições de ensino. Esse quadro foi alterado ao longo do processo com a inserção de alguns deles como docentes em instituições públicas de ensino.

Ementa das disciplinas

Aula inaugural: *O ensino de História da África e das Culturas Brasileiras nas escolas da Educação Básica*

Convidado: Prof. Dr. Kabengele Munanga – USP

Introdução ao estudo da África Negra – 30 h/a

Profa Dra. Liana Maria Reis (PUC Minas)

Ementa: Origem africana da humanidade e de sua história. Desconstrução das imagens negativas herdadas da literatura colonial sobre o passado político dos ancestrais dos negros brasileiros. Tráfico negreiro: dimensão histórica e política. África e Brasil: ancestralidade, resistência e recriação cultural.

Lutas e resistência negra no Brasil – 30 h/a

Profa. Dra. Silvani Valentim (CEFET/MG)

Ementa: A luta e a resistência dos africanos escravizados no Brasil. Resistência negra e outras lutas sociais presentes na sociedade brasileira durante e após a escravidão. O africano escravizado como sujeito do processo de libertação. Quilombos, movimento negro, movimento de mulheres negras e políticas de ações afirmativas: estratégias de resistência negra no Brasil.

História do negro na educação brasileira – 30 h/a

Prof. Dr. Marcus Vinícius Fonseca (Doutor em Educação – USP)

Ementa: O negro na história da educação brasileira. A escolarização das crianças negras no Império e na República. O negro na história da educação brasileira na sociedade atual. Políticas de integração do negro no processo histórico brasileiro e suas repercussões na sociedade atual. As representações do negro na escola brasileira: análise de material didático.

Relações étnico-raciais e a questão racial na sala de aula – 30 h/a

Profa. Ms. Santuza Amorim da Silva (UEMG)

Ementa: Raça, etnia, racismo e etnocentrismo. Ideologia do branqueamento e o mito da democracia racial. Experiências, projetos e práticas educativas de combate ao racismo e à discriminação na educação brasileira. Histórico da Lei 10.639/2003.

Literaturas africanas e afro-brasileira: principais autores e tendências – 30 h/a

Profa. Dra. Iris Maria da Costa Amâncio (PUC Minas)

Ementa: As literaturas africanas em língua portuguesa: do colonial ao pós-colonial. A literatura afro-brasileira no contexto da literatura nacional: limites e possibilidades. A produção da literatura afro-brasileira: principais autores e correntes teóricas. A representação da população afro-brasileira na literatura nacional.

Juventude negra, grupos culturais e escola – 30 h/a

Prof. Ms. Cláudio Emanuel dos Santos – Centro Pedagógico da UFMG/ Observatório da Juventude da FAE/UFMG.

Ementa: A dimensão sócio-histórica da juventude. Tópicos em Sociologia da Juventude: ações coletivas; cultura juvenil; tempo livre e lazer; produção cultural. Juventude, questão racial e a cultura afro-mineira. Grupos culturais juvenis, música, percussão e afrodescendência. Escola, juventude e questão racial.

Aula de encerramento: *A implementação da lei 10.639/03 nas escolas brasileiras: um primeiro balanço dos resultados*

Convidada: Profa. Dra. Maria Odete da Costa Semedo – Instituto Nacional de Estudos e Pesquisas de Bissau – Universidade Amílcar de Castro.

Distribuição da carga horária

A distribuição da carga horária, avaliação e frequência do curso seguiu esta orientação geral: 24 horas para discussões teóricas e 06 horas para atividades práticas a ser realizadas pelos(as) alunos(as). A avaliação da disciplina foi realizada mediante a participação nas aulas, nos trabalhos em grupo e de campo, e na entrega de trabalhos escritos.

Sistema de avaliação

Do curso

As disciplinas ministradas foram avaliadas pelos docentes/ cursistas através do preenchimento de um questionário de avaliação. Depois de analisado pela coordenação, pela equipe do Programa Ações Afirmativas na UFMG e pelos bolsistas de extensão, este material foi direcionado aos professores que ministraram as disciplinas. Periodicamente, a coordenação fez visitas à turma para ouvir opiniões e críticas e avaliar o andamento do trabalho.

Os principais indicadores de avaliação do curso foram: índice de evasão e conclusão, índice de frequência (avaliados através do preenchimento obrigatório e diário da lista de frequência); grau de envolvimento e compromisso dos alunos (através da participação nos trabalhos coletivos e individuais propostos ao longo do curso), grau de apropriação de conteúdos e aquisição de habilidades e competências (através do resultado das avaliações escritas solicitadas pelos professores ao final de cada disciplina).

Além desses instrumentos, a coordenação do curso juntamente com os bolsistas de extensão realizou reuniões semanais e mensais para acompanhamento, tabulação e verificação dos questionários.

Dos alunos

- Em cada disciplina foram distribuídos **100** pontos, que incluíram: presença, participação, realização das oficinas, projetos e/ou trabalhos práticos.

- A aprovação consistiu na apresentação de média igual ou superior a **70 pontos**.

- A aprovação implicou também frequência mínima obrigatória de 75% e verificação formal de aprendizagem (Resolução da UFMG nº 07/95, art. 4º e art. 6º).

- Os alunos que cumpriram todos os requisitos receberam o certificado de curso de aperfeiçoamento.

Concluindo

De maneira geral, esta foi a proposta do curso realizado nos anos de 2005 e 2006. Como já foi dito, a avaliação dos seus avanços e limites possibilitou a organização do II Curso de Aperfeiçoamento realizado em 2007.

Esperamos que experiência descrita possa dar elementos para a construção de ações de ensino e extensão na perspectiva da Lei 10.639/03. Enfatizamos que os cursos que caminham na perspectiva aqui apontada não devem se limitar apenas ao ensino e à extensão. É importante que a eles sejam associadas ações de pesquisa, publicação e avaliação dos resultados. Essa iniciativa também foi realizada em conjunto com o curso apresentado. No seu contexto foi realizada a pesquisa *Formando professores(as) da Educação Básica para a diversidade étnico-racial* (2004-2006)[1], e vem sendo realizada a investigação *Escolas abertas à diversidade: do empenho pessoal ao coletivo de educadores(as).*

A socialização de sugestões e atividades na perspectiva da diversidade étnico-racial acompanhada da devida reflexão teórica é uma demanda frequente das escolas em tempos da Lei 10.639/03. Esses fatores orientaram a organização da presente coletânea.

Referências

GOMES, Nilma Lino *et al. Identidades e corporeidades negras.* Reflexões sobre uma experiência de professores(as) para a diversidade étnico-racial. Belo Horizonte: Autêntica, 2006.

GOMES, Nilma Lino; MARTINS, Aracy Alves. *Afirmando direitos*: acesso e permanência de jovens negros na universidade. Belo Horizonte: Autêntica, 2004.

KING, Joyce E. Usando o pensamento africano e o conhecimento nativo da comunidade. In: GOMES, Nilma Lino; GONÇALVES E SILVA, Petronilha Beatriz (Org.). *Experiências étnico-culturais para a formação de professores*. Belo Horizonte: Autêntica, 2002, p. 79-93.

MUNANGA, Kabengele. *Superando o racismo na escola*. Brasília: MEC/SEF, 2000.

NÓVOA, António (Coord.). *Os professores e sua formação*. Lisboa: Dom Quixote, 1995.

---

[1] O livro está citado em Referências.

Lei 10.639/03, cotidiano escolar e literaturas de matrizes africanas:
da ação afirmativa ao ritual de passagem

Iris Maria da Costa Amâncio

> *...busca de meios que acelerem o processo de integração de brancos e negros no Brasil, assegurando assim, [...], armas mais efetivas e poderosas na luta pela conquista desse padrão de existência ideal que libere os brasileiros de côr de complexos, tensões emocionais e das atuais desvantagens socioeconômicas.*
>
> (Abdias do Nascimento, 1950)

Em sua justificação ao Projeto de Lei que "institui cotas de ação afirmativa para a população negra no acesso aos cargos e empregos públicos, à educação superior e aos contratos do Fundo de Financiamento ao Estudante do Ensino Superior (FIES)", José Sarney (1999) apresenta o argumento de que a realidade de exclusão da população negra no Brasil "deve ser encarada com objetividade e não ficar somente no aspecto étnico, já que o "problema é o atraso social, a promoção humana que ficou estagnada, dando aos negros uma posição de marginalidade dentro de nossa sociedade". Com base em levantamentos estatísticos divulgados pelo Programa das Nações Unidas para o Desenvolvimento (PNUD) e pelo Instituto de Pesquisa Econômica Aplicada (IPEA) em 1996, o Senador afirma que os negros brasileiros

> Enfrentam maiores dificuldades de acesso à escola e de permanência nela. Seus índices de analfabetismo, atraso escolar e reprovação são superiores em relação à população classificada como branca. Dessa forma, enquanto a probabilidade de os brancos entrarem no ensino superior, dado que começaram a cursar o ensino médio, era de 43%, para os negros era de apenas 18%. (SARNEY, 1999)

A argumentação do senador pode levar o leitor a perceber pelo menos duas questões que se anunciam: a série histórica que instaurou e cristalizou o secular racismo à brasileira, bem como a consolidação de um espaço escolar essencialmente branco e, portanto, racialmente excludente em seu discurso e suas práticas pedagógicas cotidianas.

Além dessa dupla problemática, que uma vez mais se explicita em 1999, verifica-se a necessidade de indagar por que analfabetismo, atraso escolar e reprovação são ocorrências predominantes em relação aos estudantes negros brasileiros, em um sistema educacional regido por uma Lei de Diretrizes e Bases da Educação Nacional, que apresenta como princípios básicos os conceitos de igualdade, liberdade e diversidade, conforme os incisos que abaixo evidencio:

> I – igualdade de condições para o acesso e permanência na escola;
>
> II – liberdade de aprender, ensinar, pesquisar e divulgar a cultura, o pensamento, a arte e o saber; [...]
>
> X – valorização da experiência extraescolar... (LDB, 1996, Art. 3°)

Na verdade, quando me aproprio da LDB como texto sobre o qual lanço um olhar crítico, sou convidada – ou impelida – a analisar, no plano da linguagem, o que o legislador diz e a que tipo de fazer corresponde o que foi dito. Baseio-me, aqui, nas formulações teóricas de John Austin (1962) sobre os chamados atos de fala. Em *Quando dizer é fazer* (1990), o linguista inglês reúne uma sequência de doze conferências, ao longo das quais discorre sobre as ações relativas à linguagem, perseguindo a hipótese de que

> ...quando analisamos a linguagem, nossa finalidade não é apenas analisar a linguagem enquanto tal, mas investigar o contexto social e cultural no qual é usada, as práticas sociais, os paradigmas e valores, a 'racionalidade', enfim, desta comunidade, elementos estes dos quais a linguagem é indissociável. A linguagem é uma prática social concreta e como tal deve ser analisada. Não há mais uma separação radical entre 'linguagem' e 'mundo', porque o que consideramos a 'realidade' é constituído exatamente pela linguagem que adquirimos e empregamos. (Austin, 1990, p. 10)

Conforme a concepção de Austin, com a qual concordo, precisam ser consideradas as situações nas quais, sociologicamente, "dizer algo é fazer algo" ou "por dizermos, ou ao dizermos algo, estamos fazendo algo" (1990, p. 29), não somente declarando alguma coisa, uma vez que a linguagem revela-se menos uma forma de representação que de (atu) ação sobre o real e sua constituição. Daí, pode-se inferir que, se dizer corresponde à prática de uma ação, as palavras proferidas – oralmente ou por escrito – assumem, então, um caráter performativo.[1] Este, nos termos do linguista, configura-se devido à sinonímia entre dizer e fazer, ou seja, à percepção de que aquilo que se diz adquire um valor, desempenha um papel ou função, faz-se representar.

Todavia, quando adotada essa lógica em relação aos termos legais da educação brasileira, por exemplo, percebe-se, com maior evidência, o que diz o art. 26 da LDB/96:

> Os currículos do ensino fundamental e médio devem ter uma base nacional comum, a ser complementada, em cada sistema de ensino e estabelecimento escolar, por uma parte diversificada, exigida pelas características regionais e locais da sociedade, da cultura, da economia e da clientela.

Em outras palavras, esse artigo legisla que é devida uma complementação conteudística que contemple a diversidade socioeconômico-cultural brasileira. Com isso, fica determinado que o currículo deva estar aberto à pluralidade e às "contribuições das diferentes culturas e etnias para a formação do povo brasileiro, especialmente das matrizes indígena, africana e europeia", conforme reza o parágrafo quarto do artigo. Assim, em termos de processamento de leitura, é possível verificar, por exemplo, a existência de lacunas entre o enunciado da Lei 9.394/1996 e a enunciação que se estabelece entre o texto legal e o funcionamento socioeducacional brasileiro, o que vai ao encontro do que Austin também assinala: embora sejam ditos, nem todos os termos realizam uma ação, sendo, por isso, classificados como constativos,[2] uma vez que simplesmente declaram ou constatam algo.

Isso significa que o art. 26, tal como se apresentava, corroborava uma prática pedagógica pautada em simples contribuições do indígena

---

[1] A partir do sentido básico do verbo inglês to perform, Austin considera performativo o proferimento linguístico que corresponda a um fazer, à realização de uma ação, e não simplesmente a uma descrição ou um relato, podendo ser classificado como feliz (bem-sucedido) ou infeliz (sujeito a críticas negativas).

[2] Para o linguista, de caráter constativo são as estruturas linguísticas que, por não corresponderem a uma ação imediata, apenas caracterizam situações reais, fato que possibilita sua classificação como verdadeiras ou falsas.

e do africano, alimentando o tradicional olhar exótico sobre ambos, o qual os reduz a meros produtores culturais de danças, artesanato, comidas e diferentes dialetos. Quanto à reflexão histórica, esta permanecia vinculada ao legado português e aos grandes feitos dos heróis lusitanos, do século XVI ao XIX.

Com isso, verifica-se que, por se apresentar como algo dito – ação ou fazer –, o art. 26 da LDB/96 corresponde a um construto de linguagem carregado de significação. Como tal, o fator legislado passa a adquirir certa autonomia no plano da enunciação; a configurar uma intencionalidade dentro do texto, a partir do momento em que a própria palavra corresponde a uma ação maior de articulação de outras tantas ações. Então, mesmo que o legislador não o pretendesse – pois nem sempre a intenção do autor e as intencionalidades do texto coincidem –, o art. 26 normatizava que as referências indígenas, africanas e europeias continuariam a ser tratadas como sempre foram: superficial e exoticamente. Dessa forma, embora garantisse legalmente a iniciação aos contextos socioculturais da diversidade nas matrizes brasileiras, o texto articulava sua expressão a paradigmas ideológicos e valores eurocêntricos, o que interferiria – e interferiu – na condução efetiva de ações inclusivas e afirmativas resultantes do que fora dito na LDB/96.

Em relação a esse aspecto, ainda que tenha percebido que um proferimento só tem sentido em função de suas condições de produção, Austin não considerou/explicitou quais aspectos sociológicos podem interferir na efetividade dos atos de fala. A meu ver, se pensado em nível de enunciação e não mais apenas de enunciado, um ato de fala poderá encontrar em fatores distintos – não somente sociológicos – o motivo de seu possível enfraquecimento. Isso, portanto, justifica, de certa forma, a alteração da LDB, por meio da inclusão dos art. 26-A e 79-B, com a homologação da Lei 10.639/2003, já que o dito anterior (1996) não obriga, nem sequer explicita, a necessidade dos recortes e especificações históricos inerentes à trajetória dos grupos raciais negros excluídos, nem os efeitos humanísticos, psicológicos e econômicos do processo, o que naturalmente levaria à reflexão crítica sobre a atual situação de desigualdade de acesso aos bens sociais (educação, trabalho, saúde e habitação) em que se encontram.

Em suma, para além do monologismo assumido pelo texto quando dissociado das bases ideológicas fundamentais de seu contexto socioeconômico, não basta constar na Lei que rege a educação nacional a importância dos povos que contribuíram para a formação da sociedade brasileira. Ao contrário, diante dos processos seculares de exclusão sociorracial no Brasil – principalmente a da pessoa negra –, urge que a escola assuma o papel de revisora – não mais de mantenedora – da série histórica que explica o fato de o segundo maior país negro do mundo ainda preservar práticas racistas no cotidiano de suas relações sociais.

Além disso, tal alteração na Lei não teria sido necessária caso a maioria da população negra brasileira não apresentasse, em índices acentuados, baixa autoestima, as piores condições de moradia, saúde, trabalho e educação, ou tampouco estivesse sujeita a piadas e deboches que, em geral, a desqualificam de sua condição humana, como já registrado por Abdias do Nascimento em 1950, através do jornal *Quilombo*, e por alguns de seus antecessores.

Com certeza, a partir do momento em que o universo escolar passar a tratar cientificamente da história do Continente Africano, de seus países e respectivas matrizes étnico-culturais; do sequestro e da venda clandestina de negros africanos para o trabalho escravo no Brasil; dos processos ideológicos de construção das categorias de raça e cor que sustentam a prática do racismo, bem como dos complexos psicológicos que permeiam o imaginário sociocultural brasileiro, a educação nacional será, de fato, um palco no qual se encenam novas performances de igualdade de direitos, liberdade de interação de saberes e respeito às diferenças. Assim, as alterações sofridas pela LDB/96 se justificam quando esta, na condição de texto – linguagem dissociada, portanto, do contexto social e cultural no qual é usada –, corresponde a uma ação que corrobora a prática pedagógica brasileira tradicionalmente discriminatória e excludente em relação à população negra do País.

Lei 10.639 e práticas pedagógicas: um diálogo necessário para a revisão das relações étnico-raciais no cotidiano escolar

O Brasil é visto miticamente como o paraíso, por excelência, da harmonia racial e da diversidade cultural. Todavia, ainda que as manifestações folclóricas estejam tão intimamente presentes no cotidiano popular, devido ao exotismo com que são abordadas, não chegam a suscitar reflexões histórico-sociais na maioria dos espectadores, nem a integrar os currículos da educação nacional brasileira, o que compromete os processos de identificação dos educandos, muitas vezes protagonistas dessas tradições. A Folia de Reis e o Congado, por exemplo, tão frequentes em Minas Gerais, quase não são percebidos como *locus* de reflexão para os conteúdos dos Ensinos Fundamental e Médio, nem como importantes manifestações culturais articuláveis à prática pedagógica mineira; em alguns casos, registram-se na condição de objeto de pesquisa para mestrados e doutorados, atendendo, portanto, apenas a fins acadêmicos. Dessa forma, a população negra não se vê registrada nos conteúdos escolares, exceto como peça/produto comercial e força de trabalho no período colonial. Para Elisa Larkin Nascimento (2003),

> Nesse contexto, o caminho de construção de identidades afro-brasileiras está bastante comprometido, pois os possíveis referenciais são invisibilizados, apagados da memória histórica, ou desautorizados mediante qualificações como "cultura folclórica", "arte popular", "culto animista" e assim por diante. (NASCIMENTO, 2003, p. 152.)

A reflexão de Nascimento leva à constatação de que, incrivelmente, cultura e educação, no Brasil, encontram-se dissociadas. Não se pode negar, contudo, que esse silenciamento do sistema educacional brasileiro, em especial no que tange à tradição cultural afro-brasileira, fora interrompido pela noção de diversidade imposta pela LDB/96. Esta, por sua inovação e exigência, permitiu que as práticas pedagógicas passassem a considerar o outro em sua diferença; inseriu na escola a noção de alteridade e a necessidade de se respeitar o diferente. Todavia, também pelo fato de o diverso envolver o múltiplo, o que se verificou na prática foi a diversidade permear o cotidiano escolar como ferramenta para uma abordagem multi e transdisciplinar que, com extrema superficialidade, pincelou múltiplas e muitas situações sociais, atravessando, em diagonal, a educação nacional, sem analisar, em profundidade, as especificidades de cada uma delas. A diversidade tornou-se um mero discurso retórico com vistas ao respeito mútuo, que tudo relativizava. Assim, capoeira, música, comidas típicas e danças de matriz africana passaram a frequentar mais a escola, porém ainda como produtos de uma produção em série; como os próprios alunos negros de periferia, objetos sem história, sem referência positiva e sem tradição, a quem era devido todo respeito, apesar de seu reduzido *status* social e de sua marginalidade.

Desconhecimento, racismo ou ambos? Tal situação, de alguma forma, explicita a considerável lacuna existente nos currículos brasileiros, quanto ao trato cotidiano das referências raciais da população negra, o que se pretende minimizar com a efetivação da Lei 10.639/2003. Como se vê, o tímido diálogo entre tradição cultural e educação remete ao desrespeito à realidade sociocultural do educando, principalmente o de periferia. Na verdade, a baixa interação sociedade/escola/cultura demanda iniciativas concretas e urgentes, principalmente se considerarmos a reflexão de Paulo Freire (1987), para quem "não há palavra verdadeira que não seja práxis" (FREIRE, 1987, p. 77), pois o diálogo viabiliza o processo de educação.

Assim como a de Freire, a visão de Mikhail Bakhtin (1997) remete à constatação de que a enunciação não pode existir de forma isolada e assumir, assim, um caráter monológico. Segundo o filósofo, toda enunciação envolve, em si, o fenômeno da interação verbal. Daí, introduz o conceito de **diálogo**, "não apenas como a comunicação em voz alta, de pessoas colocadas face a face, mas toda comunicação verbal, de qualquer tipo que seja" (1997, p. 123). Bakhtin, ao situar a fala em um contexto enunciativo, associa-a ao discurso, o que amplia consideravelmente a conceituação austiniana. Por isso, o diálogo escola/afro-brasilidade – ação exigida pela Lei 10.639, em seu potencial de interatividade –, além de alterar o lugar tradicionalmente conferido à matriz cultural africana, resgata e eleva a autoestima do alunado negro, de forma a abrir-lhe espaço para uma vivência escolar que o respeite como sujeito de uma história de valor, que é também a do povo brasileiro. Portanto, a implantação dessa Lei corresponde a uma ação afirmativa, que visa à revisão da qualidade das relações étnico-raciais no Brasil, as quais são produzidas e reproduzidas predominantemente na/pela escola.

Esse pressuposto legal, como tal, normatiza um tratamento da memória cultural negra em diferença, com base na História da África e na História da Escravidão no Brasil, ao contrário da abordagem superficial e relativista mantida até então. Ao mesmo tempo, permitirá que as expressões afro-brasileiras sejam percebidas como um saber e que a sociedade brasileira compreenda que "reconhecer democraticamente a riqueza da diversidade é aceitar esse outro tipo de saber"

(SODRÉ, 2005, p. 21). Em relação a esse aspecto, Homi Bhabha (1998) acredita que "a linguagem da cultura e da comunidade equilibra-se nas fissuras do presente, tornando-se as fissuras retóricas de um passado nacional" (BHABHA 1998, p. 202); por isso, penso que, com a Lei 10.639, a diferença cultural de matriz africana será ressaltada, analisada, enfim, concebida como parte da memória nacional brasileira.

Ao permear todos os conteúdos dos currículos nacionais, as heranças africanas – fatos históricos, memória coletiva, heróis, hábitos culturais, práticas religiosas e outros – atingirão o grande ícone da educação formal: o livro didático. Este, enfim, cumprirá o papel fundamental que há décadas se lhe reserva; tornar-se-á veículo de interação de múltiplos saberes, presentificando-os, mas sem hierarquizá-los. Isso porque, conforme bem afirma Bakhtin,

> O livro, isto é, o ato de fala impresso, constitui um elemento da comunicação verbal. Ele é objeto de discussões ativas sob a forma de diálogo e, além disso, é feito para ser apreendido de maneira ativa, para ser estudado a fundo, comentado e criticado no quadro do discurso interior, sem contar as reações impressas, institucionalizadas, que se encontram nas diferentes esferas da comunicação verbal [...]. Além disso, o ato de fala sob a forma de livro é sempre orientado em função das intervenções anteriores na mesma esfera de atividade, tanto as do próprio autor como as de outros autores: ele decorre portanto da situação particular de um problema científico ou de um estilo de produção literária. Assim, o discurso escrito é de certa maneira parte integrante de uma discussão ideológica de grande escala: ele responde a alguma coisa, refuta, confirma, antecipa as respostas e objeções potenciais, procura apoio, etc. (BAKHTIN, 1997, p. 123)

Assim, materiais didáticos e paradidáticos atuarão como multiplicadores da nova ideologia que tem subsidiado as políticas públicas nacionais; nessa mudança de paradigmas com ênfase sobre a inclusão racial, os educandos brasileiros, por sua vez, saberão que também o Egito, em sua história habitada por faraônicas pirâmides, fica na África e que esta não é um país, mas um continente composto por grandes reinos em sua Antiguidade, por milhares de línguas em vários países, dos quais cinco falam oficialmente a Língua Portuguesa. As intervenções autorais, portanto, conferirão ao educando o acesso a informações de base científica sobre mares culturais de matriz africana "nunca dantes navegados" pela educação nacional brasileira.

Implantação da Lei 10.639 na educação nacional:
história e cultura africanas e afro-brasileira como ferramentas
para a configuração de novas referências negras

Mesmo sendo constantemente negado, evidencia-se o fato de que o racismo tem raízes profundas na sociedade brasileira e se manifesta de forma enfática no cotidiano da população negra. No âmbito da educação, manifesto minha concordância com Nilma Lino Gomes (1995), quando esta enfatiza:

> Os movimentos sociais, as lutas da comunidade negra exigem da escola posicionamento e a adoção de práticas pedagógicas que contribuam para a superação do racismo e da discriminação [...] é necessária uma formação político-pedagógica que subsidie um trabalho efetivo com a questão racial na instituição escolar. Boa vontade só não basta! (GOMES, 1995, p.188-189)

Nessa perspectiva, considero que a posição de Gomes demanda uma reflexão, ainda que breve, sobre dois aspectos que inicialmente comprometem a efetividade plena da Lei 10.639: a ainda reduzida disponibilidade de material didático adequado no mercado editorial e a demanda de profissionais especializados para o tratamento das histórias e culturas africanas e afro-brasileira. Daí, a produção autoral e a formação de educadores assumem elevada importância nesse processo de superação de preconceitos e da discriminação sociorracial, iniciado dentro da escola.

A meu ver, o avanço da reflexão bakhtiniana anteriormente apontado – do conceito de fala para o de discurso –, voltada para uma ação interativa de base ideológica, dialoga com os pilares da nova Lei. Isso permite que meu olhar avance sobre a seguinte questão: o que fazer diante dessas lacunas que comprometem a implantação da Lei 10.639? Como conduzir a prática pedagógica, de forma que o dito na Lei corresponda, de fato, a um fazer em diferença?

Em busca de caminhos que respondam – ou ajudem a responder – a essas indagações, novamente lanço mão do recorte sobre a linguagem para subsidiar esta nova etapa de reflexão. Pautado no dialogismo de Bakhtin, que percebe a linguagem como o espaço da interação verbal, João Wanderley Geraldi (1993) afirma a existência de um movimento, de um entrecruzamento dos níveis da produção dos textos (quaisquer que sejam eles) e o das operações discursivas. Por isso, chama a atenção para outros três tipos de ação, desta vez perceptíveis no discurso ou nas práticas dos sujeitos envolvidos na interação:

> Nestas operações, pode-se dizer que há ações que os sujeitos fazem com a linguagem e ações que fazem sobre a linguagem; no agenciamento de recursos expressivos e na produção de sistemas de referências, pode-se dizer que há uma ação da linguagem. (GERALDI, 1993, p. 16)

A meu ver, esse processo de referenciação se aproxima da atividade anteriormente explicitada em relação ao dito legal e ao fazer pedagógico. Na implantação da Lei 10.639, há também ações/movimentos que se fazem com a história e a cultura afro-brasileira, sobre ambas ou aquela(e)s delas próprias, efetivada(o)s por elas mesmas. Segundo Geraldi, as ações **com** a linguagem correspondem ao processo de construção das operações discursivas, a partir de recursos linguísticos. Teoricamente, penso que esta seja a fase inicial do processo de implantação do que é dito na LDB/96:

> ... o estudo da História da África e dos Africanos, a luta dos negros no Brasil, a cultura negra brasileira e o negro na formação da sociedade nacional, resgatando a contribuição do povo negro nas áreas social, econômica e política pertinentes à História do Brasil. (LDB, art. 26-A, § 1º)

O conteúdo acima descrito poderá ser articulado à prática pedagógica a partir de um tipo peculiar de ação: a cit**ação**. Sob a ótica de Antoine Compagnon (1996), esta corresponde a um corpo estranho dentro de um texto, uma vez que ela não lhe pertence, por ser fruto de uma apropriação. Embora sua definição dicionarizada aponte para um ato ou efeito de, a citação não se refere nem a um ato, nem a um efeito estático, isolado. Do latim, *citare* significa

> ...pôr em movimento, fazer passar do repouso à ação. O sentido do verbo ordena-se assim: inicialmente, faz vir a si, chamar (daí a sua concepção de intimação), depois, excitar, provocar, enfim, no vocabulário militar, liberar uma menção. Em todo caso, uma força está em jogo, a que coloca em movimento. (COMPAGNON, 1996, p. 42)

Ao contrário do que propôs Austin, a citação – sendo ato de fala, de escrita ou, mais amplamente, de linguagem – ultrapassa os limites das práticas linguageiras ordinárias. Impulsionada por uma força que a move, como a da tradição cultural, por exemplo, a citação dissolve fronteiras, promovendo o deslocamento de estruturas anteriormente consolidadas e a mistura de elementos contraditórios. Segundo Compagnon, a citação, ainda que pareça inicialmente uma operação de depredação e de apropriação de um fragmento, solicita o leitor para a lembrança ou para a imitação.

Tal noção operacional da citação, articulada à prática da Lei 10.639, remete a um processo em que se imbricam três elementos: referências histórico-culturais, contexto educacional e educando. Este, na condição de sujeito interferido pelas novas informações sobre suas antigas matrizes nacionais, será retrabalhado junto às citações cotidianas das realidades africanas e afro-brasileira em todos os níveis da educação nacional.

Como prevê a LDB, o conteúdo de que trata o Art. 26-A, qual uma citação, será "um operador trivial de intertextualidade" (1996, p. 41). Assim, história e cultura afro-brasileira permearão os conteúdos curriculares e, ao ser citadas à moda de Compagnon, poderão corresponder à atividade intertextual de presentificação da memória e das tradições de matrizes africanas. Daí, no caso da Lei 10.639, evidencia-se o fato de que leitura e escrita, práticas rotineiras da escola, são formas de citação, já que estabelecem a conversão de elementos isolados e descontínuos em uma rede de interação e de continuidades.

Dessa forma, chega-se a mais um ponto interessante a este ensaio: se, em um conceito mais amplo, ler e escrever estão para reler e reescrever e, semelhantemente, escrever corresponde a citar, então todo o trabalho de construção textual realizado pelos profissionais da educação e pelos educandos será um trabalho de citação; ou seja, um trabalho de releitura e de reescrita da História da África e dos africanos no Brasil, em relação às referências superficiais e/ou equivocadas, até então mantidas pela escola brasileira. Além disso, segundo Bakhtin (1997, p. 144), nesse processo é possível que o **discurso de outrem** seja apreendido pelo discurso que o cita. Para tal, inclui-se a participação de uma terceira pessoa: aquela a quem as articulações enunciativas são transmitidas, também portadora de outros discursos provenientes do lugar que ocupa em dada sociedade, em nosso caso específico, o educando. Dessa forma, dá-se a apreensão do discurso citado pelo que o cita, e ambos por quem os interage ao processar uma leitura ou escrita.

As ações **da** linguagem, por sua vez, referem-se à visão de mundo explicitada pela própria linguagem enquanto atividade; às representações discursivas construídas pelo próprio processamento. Com a implantação da Lei 10.639, as imagens do negro configuradas pela contínua fixação de sua condição de pobreza e escravidão estarão em estado de tensão, de ambivalência diante dos novos paradigmas. Portanto, a implantação da Lei 10.639/2003 mina potencialmente também o(s) cânone(s) discursivo(s) interno(s) da nação brasileira (europeus e nacionais), que até 2002 subsidiavam, de forma superficial, o conceito de diversidade na educação nacional.

As ações **sobre** a linguagem remetem às "novidades" produzidas pelas operações realizadas. João Wanderley Geraldi afirma que esse tipo "produz deslocamentos no sistema de referências, pela construção de novas formas de representação do mundo" (1993, p. 43). Esse tipo de olhar sobre a linguagem, que se realiza no plano da enunciação, permite que os recursos expressivos utilizados pelos interlocutores se revelem dentro de um processo infinito de produção de novos sentidos. Por essa ótica, considero pertinente, então, perceber a existência de imbricamentos efetuados pelas operações discursivas sobre a linguagem, que constituem a tensão característica entre o texto legal e a prática pedagógica, relativamente às expressões histórico-culturais de matrizes africanas. Assim, efetiva-se a diretriz defendida por Muniz Sodré (2005): "tem que entrar na dimensão da escola a dimensão da cotidianidade, do saber do cotidiano e do saber do território" (SODRÉ, 2005, p. 28), bem como por Elisa Larkin Nascimento (2003, p. 110):

> As identificações, por mais flexíveis e fluidas que sejam, só podem constituir-se mediante referências históricas e culturais. Por isso, a abertura de novas possibilidades de referência oferecida pela abordagem afrocentrada expande, efetivamente, o horizonte multicultural.

Na perspectiva de um olhar crítico sobre o horizonte multicultural africano, o Honorat Aguessy (1977) acredita que é fundamental a insistência nas condições de produção dos aspectos socioculturais africanos, para que não se perca de vista o fato de que, em África, a oralidade se apresenta como uma característica essencial. Todavia, Aguessy pontua que essa essencialidade oral não exclui outros sistemas de registro como, por exemplo, a escrita.

Na condição de dominante, a oralidade manifesta-se por meio de mecanismos diferenciados de acordo com a situação de comunicação, seja nas relações com o outro, em atividades manuais ou intelectuais, nos gestos, nos ritmos, enfim, nas mais diversas atitudes individuais ou coletivas. Assim, para Aguessy, o *"proprium* da concepção do mundo de África pode ser determinado pelas diferentes manifestações de seu modo de apreensão das coisas, dos acontecimentos..." (AGUESSY, 1977, p. 112), a oralidade corresponde a "um certo modo de ser social" (AGUESSY, 1977, p. 114) e seus domínios variam desde a concepção religiosa dos grupos até suas práticas cotidianas corriqueiras. Desse modo, pensar o universo da oralidade equivale a investigar as práticas religiosas africanas; o funcionamento dos jogos, o sentido dos ditados, provérbios, adivinhas, máximas, lendas, contos e mitos; as manifestações da natureza, as produções artísticas, vestuário, danças, etc. No que tange ao domínio específico da Arte, um dos eixos de efetivação da Lei 10.639/2003, Aguessy acentua que,

> [...] quer se trate da arquitectura, de urbanismo, de coreografia, de música, do modesto entrançamento dos cabelos, etc., a atitude dos Africanos em relação ao universo, à vida e à sociedade exprime-se não de forma especulativa, mas sob a forma de actividade social criativa e libertadora. (AGUESSY,1977, p. 123)

Portanto, os estudos da História da África e das culturas africanas e/ou afrodescendentes permitirão que educandos e educadores interajam com a cosmovisão do africano, sua concepção do universo, da vida e da sociedade. Ao mesmo tempo, os sujeitos da educação nacional brasileira conhecerão as diferentes manifestações do modo africano de compreensão das coisas, dos acontecimentos, seus comportamentos atuais e gestos antigos, atividades manuais reflexas e refletidas, suas atividades puramente intelectuais, bem como as relações que certos povos africanos têm com a natureza, com seus antepassados e suas práticas tradicionais no plano da oralidade. Esse outro/novo olhar sobre África marca, na verdade, o momento iniciático engendrado pela Lei 10.639/2003: da visão estereotipada à percepção do *proprium* africano (variáveis geográficas, históricas e socioculturais; princípios de vida, força e unidade; entrelaçamento das relações entre filosofia, religião e vivência cultural; valores culturais dos universos da oralidade e da escrita africanas; as expressões das identidades e alteridades, em suas múltiplas vozes culturais.

Sob essa perspectiva que percebe a Arte como atividade, como vivência cultural – e, portanto, como linguagem –, importa destacar também as novas abordagens no trabalho com os conteúdos de Educação Artística e de Literatura principalmente, considerando que as expressões das matrizes africanas encontram-se, em sua maioria, fundamentadas por ações/atividades do plano da oralidade e da escrita. Certamente, o cientificismo que subsidiava a ideologia de um negro ser incapaz de realizar registros escritos, frutos de práticas de cunho intelectual,[3] dará lugar a novas referências sobre a história dos negros africanos, dos africanos escravizados no Brasil e dos brasileiros afrodescendentes. Com isso, importante ação da Lei 10.639 sobre seu próprio processo enunciativo ocorrerá no sentido do resgate da auto-estima, bem como da reconfiguração da identidade negra.

Muitas são, portanto, as possibilidades de articulações relativas à implantação da Lei 10.639. Todavia, não há como abordá-las todas em um único momento e, naturalmente, este não é o propósito desta reflexão. O que pretendo, na verdade, é destacar, em especial, um dos caminhos possíveis à efetivação da referida Lei no cotidiano escolar: a leitura dos textos de Literaturas Africanas de Língua Portuguesa. Estas, como ferramentas pedagógicas, poderão contribuir para a concretização dos principais deslocamentos discursivos intencionados pela Lei, bem como sinalizar o fato de que ela demarca uma fase de transição no bojo da educação brasileira.

Neste sentido, a Lei passará a operar como um rito, considerados os termos de Luís da Câmara Cascudo (2001): "um conjunto de ações praticado por tradição ou criado por necessidade ou função específica em cada região" (CASCUDO, 2001, p. 591). Diante da necessidade de o Brasil minimizar o abismo secularmente estabelecido pelas consideráveis diferenças socioeconômicas de base racista, destaca-se, uma vez mais, a função do educador que, como professor, "compreende e assume que o seu papel é de iniciar o sujeito em linguagens"

---

[3] O cientificismo europeu, em sua visão dicotômica do mundo, pregava no fato de que a cultura escrita, resultante da elaboração intelectual, provém do Ocidente e a dança, a música, o "tam-tam", os rituais e demais manifestações tidas como primárias ou espontâneas são "naturais" ao africano.

(SODRÉ, 2005, p. 26); qual Exu, "movimenta o processo de geração e produção de sentido *ad infinitum*" (MARTINS, 1995, p. 116). Para Muniz Sodré,

> ... ele não é mais o que detém em termos absolutos o saber, é o que detém a porta, uma passagem, o que faz a mediação. E essa mediação é menos de entupir de informação, e mais de levar o indivíduo a refletir, a imaginar e a criar. (SODRÉ, 2000, p. 25)

De fato, o que verifico, a partir de minha própria matriz africana mediada por diferentes referências culturais, é a montagem de uma nova cena educacional, a qual começa a performatizar – após a tensão entre o ser e o não ser racialmente inclusivo – um outro ritual. Este, como um conjunto emergencial de ações afirmativas, publicações, cursos e seminários, por demarcar legalmente as diretrizes que "indicam o término de uma fase ou o início de outra" (CASCUDO, 2001, p. 591), permite que a Lei 10.639/2003 seja concebida como um importante rito de passagem na história da educação brasileira.

Referências

AGUESSY, Honorat. Visões e percepções tradicionais. In: *Introdução à cultura africana*. Lisboa: Edições 70, 1980.

AUSTIN, John. *Quando dizer é fazer* – palavras e ação. Porto Alegre: Artes Médicas, 1990.

BAKHTIN, Mikhail. *Marxismo e filosofia da linguagem* – problemas fundamentais do método sociológico na ciência da linguagem. São Paulo: Hucitec, 1979.

BAKHTIN, Mikhail. *A cultura popular na Idade Média e no Renascimento* – o contexto de François Rabelais. São Paulo-Brasília: HUCITEC, 1993.

BAKHTIN, Mikhail. A tipologia do discurso na prosa. In: LIMA, Luiz da Costa. *Teoria da literatura em suas fontes.* 2. ed. rev. e ampl. Rio de Janeiro: Francisco Alves, 1983, p. 462-484.

BHABHA, Homi K. *O local da cultura.* Belo Horizonte: Ed. UFMG, 1998.

BRASIL. Ministério da Cultura; Ministério do Trabalho e Emprego. *O negro no mercado de trabalho.* Brasília: Fundação Cultural Palmares, 2004.

BRASIL. Senado Federal. *Projeto de Lei do Senado N° 650*, de 1999.

CÂNDIDO, Antônio. *A educação pela noite.* São Paulo: Ática, 1989.

CASCUDO, Luís da Câmara. *Dicionário do folclore brasileiro.* 10. ed. São Paulo: Global, 2001.

CAVALEIRO, Eliane (Org). *Racismo e anti-racismo na educação*: repensando nossa escola. São Paulo: Summus, 2001.

COMPAGNON, Antoine. *O trabalho da citação*. Tradução de Cleonice P. B. Brandão. Belo Horizonte: UFMG, 1996.

DAYREL, Juarez (Org). *Múltiplos olhares:* sobre educação e cultura. Belo Horizonte: Ed. UFMG, 1996.

FANON, Frantz. *Pele negra, máscaras brancas.* Salvador: Livraria Fator, 1983.

FREIRE, Paulo. *Pedagogia da autonomia:* saberes necessários à prática educativa. São Paulo: Paz e Terra, 1996.

GERALDI, João Wanderley. *Portos de passagem.* 2. ed. São Paulo: Martins Fontes, 1993.

GOMES, Nilma Lino. *A mulher negra que vi de perto.* Belo Horizonte: Mazza, 1995.

GONÇALVES, Luiz Alberto de Oliveira. *O silêncio*: um ritual pedagógico a favor da discriminação racial. Estudo acerca da Discriminação Racial nas Escolas Públicas de Belo Horizonte.1985. Dissertação (Mestrado em Educação) – Faculdade de Educação, Universidade Federal de Minas Gerais.

GONÇALVES E SILVA, P. B. Prática do racismo e formação de professores. In: Dayrell, Juarez (Org.) *Múltiplos olhares sobre a educação e cultura.* Belo Horizonte: Ed. UFMG, 1996.

MARTINS, Leda Maria. *Afrografias da memória* – o reinado do Rosário do Jatobá. São Paulo: Perspectiva; Belo Horizonte: Mazza, 1997.

MUNANGA, Kabengele. *Rediscutindo a mestiçagem no Brasil.* Petrópolis: Vozes, 1999.

NASCIMENTO, Elisa Larkin. *O sortilégio da cor*: identidade, raça e gênero no Brasil. São Paulo: Summus/Selo Negro, 2003.

QUILOMBO: vida, problemas e aspirações do negro. Edição fac-similar do jornal dirigido por Abdias do Nascimento (1948-1950). São Paulo: Fundação de Apoio à Universidade de São Paulo; Editora 34, 2003.

ROSEMBERG, Fúlvia; PINTO, Regina Pain. Trajetórias escolares de estudantes brancos e negros. In: MELO, Regina Lúcia Couto de; COELHO, Rita de Cássia Freitas (Orgs.). *Educação e Discriminação dos Negros.* Belo Horizonte: IRHJP, 1988.

SODRÉ, Muniz. Entrevista. In: TRINDADE, Azoilda Loretto da e SANTOS, Rafael dos (Orgs.) *Multiculturalismo:* mil e uma faces da escola. 2. ed. Rio de Janeiro: DP&A, 2000.

O universo literário africano de Língua Portuguesa como ferramenta para a efetivação da Lei 10.639/03

Iris Maria da Costa Amâncio

> Este jeito de contar as nossas coisas
> à maneira simples das profecias
> – Karingana ua Karingana –
> É que faz o poeta sentir-se
> Gente
>
> José Craveirinha, 1974

Um dos roteiros que se pode percorrer na relação entre o Brasil e o Continente Africano tem sido o dos diálogos literários, paralelamente às interações históricas, culturais e socioeconômicas. Com o advento da Lei 10.639/2003, esse roteiro sai da condição de possibilidade para tornar-se uma obrigatoriedade. Todavia, antes de iniciá-lo, considero relevante a retomada de alguns aspectos básicos acerca daquele continente, já que pensar as literaturas de matrizes africanas pressupõe adentrar não só o universo da tradição oral, mas também o da *littera* africana. Assim, emergem um panorama político e um pano de fundo linguísticos, resultantes das clássicas estratégias coloniais e dos processos internos das lutas de libertação nacional, que se instauraram nos cinquenta e três[1] países de África, principalmente na segunda metade do século XX.

---

[1] Refiro-me, aqui, a cinquenta e três países africanos – e não cinquenta e quatro –, considerando a situação política do Saara Ocidental que, não tendo ainda a sua independência totalmente reconhecida, não apresenta registro de língua oficial.

Quadro Linguístico Oficial dos Países Africanos[2]
(Principais línguas oficiais)[3]

Língua	País	Capital	Independência
Francês (21)	Guiné	Conacri	1958
	Benim	Porto Novo	1960
	Burkina Faso	Uagadugu	1960
	Costa do Marfim	Yamoussoukro	1960
	Mali	Bamaco	1960
	Mauritânia	Nuackchott	1960
	Níger	Niamei	1960
	Senegal	Dacar	1960
	Togo	Lomé	1960
	Camarões	Iaundê	1960
	República Centro-Africana	Bangui	1960
	Chade	Ndjamena	1960
	Congo	Brazaville	1960
	República Democrática do Congo	Kinshasa	1960
	Gabão	Libreville	1960
	Madagascar	Antananarivo	1960
	Burundi	Bujumbura	1962
	Ruanda	Kigali	1962
	Gâmbia	Banjul	1965
	Comores	Moroni	1975
	Djibuti	Djibuti	1977
Inglês (16)	Libéria	Monróvia	1847
	África do Sul	Pretória	1910
	Gana	Acra	1957
	Nigéria	Abuja	1960
	Serra Leoa	Freetown	1961
	Uganda	Campala	1962
	Quênia	Nairóbi	1963
	Malavi	Lilongue	1964
	Botsuana	Gabarone	1966
	Lesoto	Maseru	1966
	Suazilândia	Mbabane	1968
	Maurício	Port Louis	1968
	Seichelles	Vitória	1976
	Zimbábue	Harare	1980
	Zâmbia	Lusaca	1984
	Namíbia	Windhoeck	1990

---

[2] Para a elaboração do quadro, optei por respeitar a sequência cronológica das independências como referência histórica para a consolidação das línguas oficiais. Os dados encontram-se baseados no perfil histórico e na abordagem geopolítica das macrorregiões dos estados africanos, publicados pelo Prof. Dr. José Maria Nunes Pereira (UCAM, 2003).

[3] O quadro registra apenas as línguas oficiais principais, devido ao fato de alguns países africanos adotarem mais de uma língua como oficial no país. Por exemplo, Camarões, que adota oficialmente o francês e o inglês.

Língua	País	Capital	Independência
Árabe (7)	Egito	Cairo	1922
	Líbia	Trípoli	1951
	Tunísia	Tunis	1956
	Marrocos	Rabat	1956
	Sudão	Cartum	1956
	Argélia	Argel	1962
	Eritreia	Asmara	1993
Português (5)	Guiné-Bissau	Bissau	1974
	Cabo Verde	Praia	1975
	São Tomé e Príncipe	São Tomé	1975
	Angola	Luanda	1975
	Moçambique	Maputo	1975
Espanhol	Guiné-Equatorial	Malabo	1968
Suaíli	Tanzânia	Dodoma	1961
Amárico	Etiópia	Adis-Abeba	Antiguidade
Somali	Somália	Mogadíscio	1960

Com esse panorama, percebe-se o perfil histórico-linguístico do Continente Africano, a partir do qual podem ser inferidas as antigas relações coloniais, os índices de ocupação territorial das ex-metrópoles, bem como o complexo bojo das interações linguístico-discursivas provenientes dos múltiplos contatos com diferentes grupos étnicos africanos, entre outros aspectos. A partir desse quadro, será possível percorrer literariamente o universo dos cinco países africanos de Língua Portuguesa (Guiné-Bissau, Cabo Verde, São Tomé e Príncipe, Angola e Moçambique), o que permitirá um aprendizado com base no olhar crítico sobre as especificidades geográficas, histórico-culturais e político-sociais desses territórios.

Literaturas africanas de língua portuguesa: fundamentos e tendências

A leitura dos textos africanos de Língua Portuguesa corresponde, portanto, a uma viagem em diferença: durante a trajetória, montam-se e desmontam-se cenas imaginárias em espaços poéticos e ficcionais ainda pouco navegados. Isso porque, em se tratando de referências africanas, os cenários comumente configurados para/por nós, brasileiros, são principalmente os de miséria e analfabetismo, bem como o exotismo das roupas coloridas, do batuque e do rebolado, ou seja, um imaginário que, em seu caráter reducionista e preconceituoso, não prevê a elaboração intelectual e a produção de literatura.

No período de resistência ao colonialismo português e das consequentes lutas de libertação nacional (anos 40 a 70), as cenas literárias se consolidaram e explicitaram as ambiguidades da relação colonizador/colonizado, bem como as distintas realidades locais, principalmente no que tange às práticas racistas portuguesas e às tentativas de silenciamento das expressões culturais africanas por parte do sistema salazarista. No cotidiano do Curso de Aperfeiçoamento, enfatizaram-se as articulações político-ideológicas anticoloniais e suas formas de representação literária, marcadamente – mas não exclusivamente – no âmbito da poesia. Para a melhor compreensão dos contextos nacionais e dos diálogos literários com eles estabelecidos, tornou-se relevante o trato inicial das especificidades regionais, ainda que de forma panorâmica:

Conhecendo a Guiné-Bissau...

- **Localização:** costa oeste da África; limites com Senegal (Norte), Guiné (Leste e Sul) e Oceano Atlântico (costa)
- **Área:** 36.125 km²
- **Ano de chegada dos portugueses:** 1446
- **Data de independência:** 24 de setembro de 1973
- **Capital:** Bissau
- **Subdivisão:** Bafatá, Biombo, Bolama, Cacheu, Gabu, Oio, Quimara, Tombali e Bissau (setor autônomo)
- **População:** 1.285.715 habitantes (2000); 99% – Africanos; 1% – mestiços e brancos
- **Grupos étnicos:** Balanta, Fula, Manjaca, Mandinga, Papel e Bijagós
- **Língua nacional:** Crioulo guineense ou Crioulo da Guiné-Bissau
- **Clima:** tropical (interior: savanas; costa: planície montanhosa / estações de ventos quentes e secos do Saara; chuvas eventuais)
- **Moeda:** Franco CFA

- **Recursos naturais:** arroz, milho, feijão, mandioca, castanha de caju, amendoim, semente de palma, algodão, madeira e peixe
- **Exportação:** caju (70%), camarão, amendoim, semente de palma, madeira, peixes e frutos do mar

Conhecendo alguns textos da literatura guineense...

A leitura de textos literários da Guiné-Bissau permitiu a percepção da força linguística do Crioulo guineense e da tradição oral. Nas construções textuais, destacam-se a afirmação discursiva das raízes e matrizes africanas em termos de vivência social, cultura e ideologias, bem como os questionamentos sobre o modelo escravocrata português. O poder político de Amílcar Cabral, líder revolucionário, intelectual e poeta, com sua representatividade junto ao PAIGC (Partido Africano para a Independência da Guiné-Bissau e Cabo Verde) e seu extremado pertencimento sociocultural tornaram-se também foco dos debates. Importantes articulações temático-discursivas do período das lutas de libertação emergiram durante a recepção dos textos literários:

– afirmação da identidade guineense
– reflexão sobre os problemas sociais oriundos da colonização portuguesa
– expressões de etnicidade
– o universo da oralidade e a importância do crioulo guineense
– estratégias políticas e mobilizações do PAIGC

ILHA (Amílcar Cabral)

Tu vives — mãe adormecida —
nua e esquecida,
seca,
fustigada pelos ventos,
ao som de músicas sem música
das águas que nos prendem...

Ilha:
teus montes e teus vales
não sentiram passar os tempos
e ficaram no mundo dos teus sonhos
— os sonhos dos teus filhos —
a clamar aos ventos que passam,
e às aves que voam, livres,
as tuas ânsias!

Ilha:
colina sem fim de terra vermelha
— terra dura —
rochas escarpadas tapando os horizontes,
mas aos quatro ventos prendendo as nossas ânsias!

A FLORESTA PARIU DE NOVO (Vasco Cabral)

A floresta pariu de novo
Não os frutos
Não os ramos
Não os troncos

LITERATURAS AFRICANAS E AFRO-BRASILEIRA NA PRÁTICA PEDAGÓGICA

Nem as árvores gigantes.

A floresta pariu de novo
O cimento duma alma nova
A sinfonia da patchanga
E um cântico de liberdade!
>   (20.12.1967)
>   *A luta é a minha primavera, 1981.*

QUANDO AS FLORES COMEÇAM A NASCER
(Hélder Proença)

Quando as flores começam a nascer
naquele rio vermelho
um sorriso verde caminhará pé ante pé
naquela margem pantanosa
e todas as bocas beberão uma nova água
de fé e esperança

Ninguém nalfragará. Jamais!...
no carmesim líquido que deveria ser nossa pomba.
Com dor sufocante
na água que deveria ser nossa criança
ninguém perecerá perante o monstro criminoso
que a turva e a violenta!

Nem Titina dormirá sem fôlego
com a última recordação póstuma
longe da tumba vivente do Mestre.
Quando as flores começam a nascer
naquele rio vermelho
a hora será de ressurreição
e o dia será de glória!
(em homenagem à Titina Silá) Não posso adiar a palavra, 1982)

Conhecendo Cabo Verde...

– **Localização:** arquipélago no Oceano Atlântico, a Oeste do Senegal

– **Área:** 4.033km²

– **Ano de chegada dos portugueses:** 1462

– **Data de independência:** 05 de julho de 1975

– **Capital:** Praia

– **Subdivisão:** 10 ilhas de origem vulcânica, pequenas e montanhosas (Norte – Ilhas de Barlavento: Santo Antão, São Vicente, Santa Luzia, São Nicolau, Sal e Boa Vista; Sul – Ilhas de Sotavento: Maio, Santiago, Fogo e Brava)

– **População:** 475.948 habitantes (2005); emigração maciça, com mais cabo-verdianos nos Estados Unidos e em Portugal do que no arquipélago;

---

[4] Mapas citados a partir de registros disponibilizados pelo Ministério das Relações Exteriores – MRE do Brasil (Departamento da África – DEAF/Divisões de África – DAF I, II e III). Disponíveis em: <www.mre.gov.br>.

Santiago (50%), São Vicente (15%) e Santo Antão (11%); não há habitantes na Ilha de Santa Luzia

– **Grupos étnicos:** descendentes de africanos escravizados e de senhores portugueses; mestiços (71%), africanos (28%) e europeus (1%)

– **Língua nacional:** Crioulo cabo-verdiano

– **Clima:** quente e seco, árido ou semiárido; tempestades de areia do Saara ou bruma seca (jan. a fev.); estações: as-águas (ago. a out.) e as-secas ou tempo de brisas (dez. a jul.); solo árido

– **Moeda:** Escudo cabo-verdiano/Euro

– **Recursos naturais:** pouca vegetação; peixes

– **Indústria:** alimentos e bebida, pesca, calçados e roupas, sal, mineração e reparo de navios

– **Exportação:** combustível, calçados, roupas, peixe e couro

Conhecendo alguns textos da literatura cabo-verdiana...

A literatura de Cabo Verde revela, de forma contundente, as especificidades geográficas do arquipélago. Entre outros aspectos, a opressão colonial, o flagelo provocado pelo Vento Leste proveniente do Saara e a forte tensão vivenciada pelo cabo-verdiano em sua condição insular são fortes características desse contexto. Mar, sempre o mar a ir e vir, em uma coreografia geográfica que dialoga estética e ideologicamente com a diáspora africana e com os sistemas políticos impostos às nações. Eis algumas expressões discursivas comumente verificadas na literatura de Cabo Verde:

– afirmação da identidade cabo-verdiana (cabo-verdianidade)
– insularidade
– as ambiguidades do ir e vir (trânsito dos sujeitos)
– expressões da oralidade e a importância do crioulo cabo-verdiano
– condição de flagelo e improdutividade consequentes do Vento-Leste
– processos de mestiçagem
– impactos da Revista *Claridade*
– impactos da Revista *Certeza*
– estratégias políticas e mobilizações do PAIGC

FLAGELADOS DO VENTO-LESTE (Ovídio Martins)

Nós somos os flagelados do Vento-Leste!

A nosso favor
não houve campanhas de solidariedade
não se abriram os lares para nos abrigar
e não houve braços estendidos fraternalmente
          para nós

Somos os flagelados do Vento-Leste!

O mar transmitiu-nos a sua perseverança
Aprendemos com o vento a bailar na desgraça
As cabras ensinaram-nos a comer pedras
          para não perecermos

Somos os flagelados do Vento-Leste!

Morremos e ressuscitamos todos os anos
para desespero dos que nos impedem
          a caminhada
Teimosamente continuamos de pé
num desafio aos deuses e aos homens
e as estiagens já não nos metem medo
porque descobrimos a origem das coisas
(quando pudermos!...)
Somos os flagelados do Vento-Leste!

Os homens esqueceram-se de nos chamar irmãos

E as vozes solidárias que temos sempre
          escutado
São apenas
          as vozes do mar
que nos salgou o sangue
as vozes do vento
que nos entranhou o ritmo do equilíbrio
 e as vozes das nossas montanhas
estranha e silenciosamente musicais

Nós somos os flagelados do Vento-Leste!

LEMA (Onésimo Silveira)

Atrás dos ferros da prisão
É preciso levantar os braços algemados
Contra a prepotência!

Atrás dos ferros da prisão
É preciso afogar a noite em gritos de luz
Para a voz de todos os homens!

Atrás dos ferros da prisão
É preciso lutar pelo pão das crianças sem pão:
As crianças de barriga inchada
De lombriga e de fome!

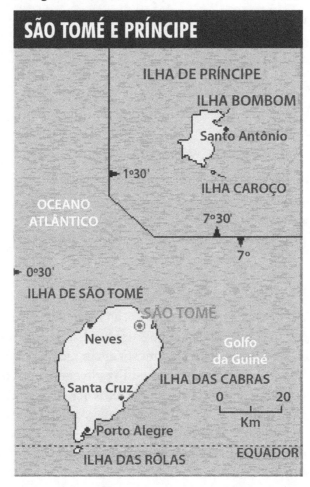

Conhecendo São Tomé e Príncipe...

- **Localização:** Golfo da Guiné, sem fronteira terrestre, a 300 km da costa ocidental da África; países vizinhos: Gabão, Guiné Equatorial, Camarões e Nigéria; cortado ao Sul pela linha do Equador
- **Área:** 964 km ^{2}
- **Ano de chegada dos portugueses:** 1470
- **Data de independência:** 12 de julho de 1975
- **Capital:** São Tomé
- **Subdivisão:** 02 ilhas principais (Norte: Príncipe; Sul: São Tomé) e algumas ilhotas
- **População:** 120.000 habitantes (2005)
- **Grupos étnicos:** descendentes de vários grupos étnicos que migraram para as ilhas desde 1485
- **Língua nacional:** Forro, Angolar e outras variações de Crioulo são-tomense
- **Clima:** tropical
- **Moeda:** Dobra
- **Recursos naturais:** vegetação exuberante; peixes
- **Indústria:** alimentos e bebida, pesca, calçados e roupas, sal, mineração e reparo de navios
- **Exportação:** cacau (90%), copra (polpa de coco), café, óleo de palma

Conhecendo alguns textos da literatura santomense...

De São Tomé e Príncipe, ouvem-se, ao longo da viagem ficcional, os fortes ecos da tensa relação entre negros escravizados e brancos colonizadores e das resistências à mestiçagem racial, provavelmente resultantes do fato de o país ter sido utilizado como entreposto para o tráfico negreiro e, por isso, espaço de extrema violência e rebeldia. Unem-se, esteticamente, as vozes dos sujeitos negros africanos de diferentes pertencimentos étnicos, contra as práticas portuguesas no cotidiano colonial. Destacam-se, nas produções literárias, os seguintes aspectos:

> – afirmação da identidade são-tomense (santomensidade)
> – afirmação da identidade negra
> – insularidade
> – exuberância da natureza
> – expressões da etnicidade
> – expressões da oralidade e a importância do crioulo são-tomense
> – condição de flagelo e improdutividade consequentes do Vento-Leste
> – relações étnico-raciais e as tensões da mestiçagem
> – tensão anticolonial

DESCENDO O MEU BAIRRO (Alda do Espírito Santo)

Eu vou trazer para o palco da vida
pedaços da minha gente,
a fluência quente da minha terra dos trópicos
batida pela nortada do vendaval de Abril.
Eu vou descer a Chácara
subir depois pelos coqueiros do pântano
ao coração do Riboque,
onde o Zé Tintche, tange sua viola
neste findar dum dia de cias
com gentes de longe
na Ponte Velhinha
num dia de passageiros.
E vou subir dum lado a outro da estrada barrenta
com gentes sentadas nos caminhos
vendendo cana, azeite, micocó,
com uma candeia acesa em cada porta
aproveitando o lucro, na gente que desce,
que sobe e desce
com policiais parados,
à espreita da briga certa
neste bairro populoso,
onde nos juntamos à porta
no findar de cada dia.
        Vou recordar...

As farras onde se bebe e dança,
os ritmos estuantes de nossa gente,
cabeças juntinhas num ritmo maluco
e a festa linda do Carnaval passado
com "Rosa Branca" tangendo viola
seguido de povo, rindo e cantando
como a gente só topa
no borburinho
do nosso bairro antigo,
onde a gente de carro
passa a ver
o formigar do nosso ritmo estuante,
até no futebol
do grupo bulhento
juntinho ao domingo
na folga da tarde,
juntando gente como milho
a mirar a nossa vida
     e a ver,
num vaso oco de barro

escoar o nosso bairro
onde bem lá juntinho ao mato,
passa o sopro dum socopé de gozo
e os ritmos arrepiantes dum batuque de encomendação
p'lo Mé Zinco
que a vida não ajuda
a descer a ladeira
rumo ao chafariz novo.
Onde hão-de chover em caudal
a água estuante do nosso bairro Riboquense,
filho da população heterógena
brotada pela conjuntura
duma miscelânea curiosa
de gentes das áfricas mais díspares,
da África una dos nossos sonhos de meninos já crescidos.

CONTRASTE (Costa Alegre)

O sol, astro mais belo do universo,
O sol, diz a ciência, dando a aurora,
         Em tanta luz imerso!
         Só esplendor por fóra,
Só trevas é no centro!
Ó sol, és meu inverso:
Negro por fóra, eu tenho amor cá dentro.

EU E OS PASSEANTES

Passa uma inglesa,
E logo acode,
Toda surpresa:
What black my God!

Se é espanhola,
A que me viu,
Diz como rôla:
Que alto, Dio mio!

E, se é francesa:
Ó quel beau negre!
Rindo de mim.

Se é portuguesa,
Ó Costa Alegre!
Tens um atchim!

A MINHA CÔR É NEGRA

a minha côr é negra,
indica luto e pena;
é luz, que nos alegra,
a tua cor morêna.

É negra a minha raça,a tua raça é branca,
Tua és cheia de graça,
Tens a alegria franca,
Que brota a flux do peito
Das candidas crianças.
Todo eu sou um defeito,
Sucumbo sem esperanças,
E o meu olhar atesta
Que é triste o meu sonhar,
Que a minha vida é mestra
E assim há de findar!
Tu és a luz divina, em mil canções divagas,
Eu sou a horrenda furna
Em que se quebram vagas!...
Porém, brilhante e pura,
Talvez seja a manhã
Irmã da noite escura!
Serás tu minha irmã?!...

CANÇÃO DO MESTIÇO (Francisco José Tenreiro)

Mestiço!

Nasci do negro e do branco
E quem olhar para mim
É como se olhasse
Para um tabuleiro de xadrez:
A vista passando depressa
Fica baralhando côr
No ôlho alumbrado de quem me vê.

Mestiço!

E tenho no peito uma alma grande
uma alma feita de adição
como 1 e 1 são 2.

Foi por isso que um dia
o branco cheio de raiva
contou os dedos das mãos
fez uma tabuada e falou grosso:
– Mestiço!
a tua conta está errada.
Teu lugar é ao pé do negro.

Ah!
Mas eu não me danei...
e muito calminho
arrepanhei o meu cabelo para trás
fiz saltar fumo do meu cigarro
cantei do alto
a minha gargalhada livre
que encheu o branco de calor!...

Mestiço!

Quando amo a branca
　　　　sou branco...
Quando amo a negra
　　　　sou negro

　　　　　　　Pois é...

CORPO MORENO

Se eu dissesse que o teu corpo moreno
tem o ritmo da cobra preta deslisando
mentia.
Mentia se comparasse o teu rosto fruto
ao das estátuas adormecidas das velhas civilizações da África
de olhos rasgados em sonhos de luar
e boca em segredos de amor.

Como a minha Ilha é o teu corpo mulato
tronco forte que dá

amorosamente ramos, folhas, flores e frutos
e há frutos na geografia do teu corpo.
Teu rosto de fruto
olhos oblíquos de safú
boca fresca de framboesa silvestre
és tu.

És tu minha Ilha e minha África
forte e desdenhosa dos que te falam à volta.

1619

Da terra negra à terra vermelha
por noites e dias fundos e escuros,
como os teus olhos de dor embaciados,
atravessaste esse manto de água verde
        – estrada de escravatura
        comércio de holandeses

Por noites e dias para ti tão longos
e tantos como as estrelas no céu,
tombava o teu corpo ao peso de grilhetas e chicote
e só ritmo de chape-chape da água
acordava no teu coração a saudade da última réstia de areia quente
e da última palhota que ficou para trás.

E já os teus olhos estavam cegos de negrume
já os teus braços arroxeavam de prisão
já não havia deuses, nem batuques
para alegrarem a cadências do sangue nas tuas veias
quando ela, a terra vermelha e longínqua
se abriu para ti
        – e foste 40 L esterlinas
em qualquer estado do Sul –

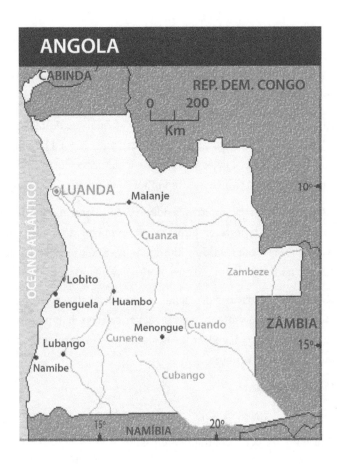

Conhecendo Angola...

- **Localização:** costa ocidental da África, fazendo fronteira com Congo e República Democrática do Congo (Norte e Leste), Zâmbia (Leste), Namíbia (Sul) e Oceano Atlântico (Oeste)
- **Área:** 1.246.700km ^{2}
- **Ano de chegada dos portugueses:** 1482
- **Data de independência:** 11 de novembro de 1975
- **Capital:** Luanda
- **Subdivisão:** 18 províncias – Bengo, Benguela, Bié, Cabinda (enclave), Cuando-Cubango, Kwanza-Norte, Kwanza-Sul, Cunene, Huambo, Huíla, Luanda, Lunda-Norte, Lunda-Sul, Malange, Moxico, Namibe, Uíge e Zaire

- **População:** 15.941.000 habitantes (2005)

- **Grupos étnicos:** 90% Bantu (Ovimbundo, Ambundo, Bacongo, Quiocos); 3% brancos descendentes de europeus; mestiços; Khoisan (bosquímanos, Sul)

- **Línguas nacionais:** mais de 20, entre as quais se destacam Umbundo (Centro-Sul, 26%), Quimbundo (Centro-Sul, 20%), Quicongo (Norte), Tchokwe (Leste), Nhaneca, Mbunda e Cuanhama (sul); francês e Lingala (fronteira com o Congo e a República Democrática do Congo)

- **Clima:** Costa: corrente fria (árida); verão quente e seco; inverno temperado. Planalto interior: clima suave, com chuvas de nov. a abr./seco e frio de maio a out.(úmido); Interior Sul e Sudeste: savana seca. Norte: chuvas ao longo de todo o ano (floresta tropical)

- **Recursos naturais:** café, cana-de-açúcar, milho, sisal, óleo de coco, algodão, amendoim, tabaco, borracha; criação de bovinos, caprinos e suínos; petróleo, diamante, minério de ferro, cobre, feldspato, fosfato, ouro, bauxita e urânio

- **Moeda:** Kwanza

- **Indústria:** açúcar, cerveja, cimento, madeira e refinamento de petróleo

- **Exportação:** petróleo, diamante e café

Conhecendo alguns textos da literatura angolana...

Textos da literatura de Angola remetem ao combate frontal da produção literária e intelectual, dos anos 40 aos 70, contra a colonização portuguesa, bem como ao potencial poético de jovens militantes como Viriato da Cruz, Alda Lara, António Jacinto e Agostinho Neto (1974), este último, porta-voz do discurso político-ideológico da esperança nacional e da diáspora negra. Fortemente armada, essa literatura engendrou o combate às ideologias do sistema colonial português, o que culminou na reação internacional aos desmandos salazaristas e na resistência interna ao regime imposto. São contundentes as características da produção literária angolana, do final do século XIX à fase das lutas de libertação nacional:

- afirmação da identidade angolana (angolanidade)
- afirmação da identidade negro-africana
- África-Mãe
- exuberância da natureza
- expressões da etnicidade
- o universo da tradição oral angolana
- tensões entre oralidade e escrita
- relações étnico-raciais
- luta anticolonial
- estratégias políticas e mobilizações do MPLA

NEGRA! (Cordeiro da Matta)

Negra! negra! como a noite
d'uma horrível tempestade
mas, linda, mimosa e bella,
como a mais gentil beldade!
    Negra! negra como a aza
do corvo mais negro e escuro,
mas, tendo nos claros olhos,
o olhar mais límpido e puro!
Negra! negra! como o ébano,
seductora como Phedra,
possuindo as celsas fórmas. Em que a boa graça medra!
    Negra! negra... mas tão linda
co'os dentes de marfim;
que quando os labios entreabre,
não sei o que sinto em mim!...

SÓ, NEGRA, COMO TE VEJO

Só, negra, como te vejo,
eu sinto nos seios d'alma
ardêr-me forte desejo,
desejo que nada acalma.

Se te roubou este clima
do homem a côr primavera;
branca que ao mundo viesses,
serias das filhas d'Eva
em belleza, ó negra, a prima!...
gerou-te em agro torrão;
S'elevar-te ao sexo fragil
Temeu o rei da criação;
É qu'és, ó negra creatura,
A deusa da formosura!...

KICÔLA!

Nesta pequena cidade,
vi uma certa donzella
que muito tinha de bella,
de fada, huri e deidade –

a quem disse: – "Minha q'rida,
peço um beijo por favor;
bem sabes, oh meu amor,
q'eu por ti daria a vida!"

– Nquàmi-âmi, nga – iame
"não quero, caro senhor"
disse sem mudar de côr;
– Macûto, quanguandall'ami.
"não creio no seu amor".
Eu querendo-a convencer,
– *Muámôno!?* – "querem ver!?"
– Exclamou a minha flôr.
– "O que t'assombra donzella
n'esta minha confissão?"
tornei com muita paixão.
[...]
"Falla como homem d'edade!
não sabes que o deus do amor
é um grande inspirador,
minha formosa beldade?!"–

[...]
Depois fallei-lhe ao ouvido
e me respondeu: – *Kicôla!* –
"não póde ser!" – "Ai! Que tola!
por quem o foi prohibido?!"

FOGO E RITMO (Agostinho Neto)

Sons de grilhetas nas estradas
cantos de pássaros
sob a verdura húmida das florestas
frescura na sinfonia adocicada
dos coqueirais
fogo
fogo no capim
fogo sobre o quente das chapas do Cayatte.

Caminhos largos
cheios de gente
cheios de gente
em êxodo de toda a parte
caminhos largos para os horizontes fechados
mas caminhos
abertos por cima
da impossibilidade dos braços.

Fogueiras
        dança
                tamtam
                        ritmo

Ritmo na luz
ritmo na cor
ritmo no som
ritmo no movimento
ritmo nas gretas sangrentas dos pés descalços
ritmo nas unhas descarnadas
Mas ritmo
ritmo.

Ó vozes dolorosas de África!

ADEUS À HORA DA LARGADA

Minha Mãe
      (todas as mães negras
      cujos filhos partiram)
tu me ensinaste a esperar
como esperaste nas horas difíceis

Mas a vida
matou em mim essa mística esperança

Eu já não espero
sou aquele por quem se espera

Sou eu minha Mãe
a esperança somos nós
os teus filhos
partidos para uma fé que alimenta a vida

Hoje
somos as crianças nuas das sanzalas do mato
os garotos sem escola a jogar a bola de trapos
nos areais ao meio-dia
somos nós mesmos
os contratados a queimar vidas nos cafezais
os homens negros ignorantes
que devem respeitar o homem branco
e temer o rico
somos os teus filhos
dos bairros de pretos
além onde não chega a luz eléctrica
os homens bêbedos a cair
abandonados ao ritmo dum batuque de morte
teus filhos
com fome
com sede
com vergonha de te chamarmos Mãe
com medo de atravessar as ruas
como medo dos homens
nós mesmos

Amanhã
entoaremos hinos à liberdade
quando comemorarmos
a data da abolição desta escravatura

Nós vamos em busca de luz
os teus filhos Mãe
      (todas as mães negras
      cujos filhos partiram)
Vão em busca de vida.

PRELÚDIO (Alda Lara)

Pela estrada desce a noite
Mãe-Negra, desce com ela...

Nem buganvílias vermelhas,
nem vestidinhos de folhos,
nem brincadeirinhas de guisos,
nas suas mãos apertadas.
Só duas lágrimas grossas,
em duas faces cansadas.

Mãe-Negra tem voz de vento,
voz de silêncio batendo
nas folhas do cajueiro...

Tem voz de noite, descendo,
de mansinho, pela estrada...
Que é feito desses meninos
que gostava de embalar?...
Que é feito desses meninos
que ela ajudou a criar?...
Quem ouve agora as histórias
que costumava contar?...

Mãe-Negra não sabe nada...

Mas ai de quem sabe tudo,
como eu sei tudo
Mãe-Negra!...

Os teus meninos cresceram,
e esqueceram as histórias
que costumavas contar...

Muitos partiram p'ra longe,
quem sabe se hão de voltar!...

Só tu ficaste esperando,
mãos cruzadas no regaço,
bem quieta bem calada.

É tua a voz deste vento,
desta saudade descendo,
de mansinho pela estrada...

MOMENTO

Nos olhos dos fuzilados,
dos sete corpos tombados
de borco, no chão impuro,
eis!
... sete mães soluçando...

Nas faces dos fuzilados,
nas sete faces torcidas
de espanto ainda, e receio,
... sete noivas implorando...

E do ventre de além-mundo,
sete crianças gritando
na boca dos fuzilados...
sete crianças gritando
ecos de dor e renúncia
pela vida que não veio...

Na boca dos fuzilados
vermelha de baba e sangue,
... sete crianças gritando!

DECLARAÇÃO (António Jacinto)

As aves, como voam livremente
num voar de desafio!
Eu te escrevo, meu amor,
num escrever de libertação.

Tantas, tantas coisas comigo
adentro do coração
que só escrevendo as liberto
destas grades sem limitação.
Que não se frustre o sentimento
de o guardar em segredo
como liones, correm as águas do rio!
corram límpidos amores sem medo.

Ei-lo que to apresento
puro e simples – o amor
que vive e cresce ao momento
em que fecunda cada flor.

O meu escrever-te é
realização de cada instante
germine a semente, e rompa o fruto
da Mãe-Terra fertilizante.

CARTA DUM CONTRATADO

Eu queria escrever-te uma carta
amor,
uma carta que dissesse
deste anseio
de te ver
deste receio
de te perder
deste mais que bem querer que sinto
deste mal indefinido que me persegue
desta saudade a que vivo todo entregue...

eu queria escrever-te uma carta
amor,
uma carta de confidências íntimas,
uma carta de lembranças de ti,
de ti
dos teus lábios vermelhos como tacula
dos teus cabelos negros como dilôa
dos teus olhos doces como macongue
dos teus seios duros como maboque
do teu ardor de onça
e dos teus carinhos
que maiores não encontrei por aí...
eu queria escrever-te uma carta
amor,
que recordasse nossos dias na capôpa
nessas noites perdidas no capim
que recordasse a sombra que nos caía dos jambos
o luar que se coava das palmeiras sem fim
que recordasse a loucura
da nossa paixão
e a amargura
da nossa separação...

Eu queria escrever-te uma carta
amor,
que a não lesses sem suspirar
que a escondesses de papai Bombo
que a sonegasses a mamãe Kieza
que a relesses sem a frieza
do esquecimento
uma carta que em todo o kilombo
outra a ela não tivesse merecimento...

Eu queria escrever-te uma carta
amor,
uma carta que ta levasse o vento que passa

uma carta que os cajús e cafeeiros
que as hienas e palancas
que os jacarés e bagres
pudessem entender
para que se o vento a perdesse no caminho
os bichos e plantas
compadecidos de nosso pungente sofrer
de canto em canto
de lamento em lamento
de farfalhar em farfalhar
te levassem puras e quentes
as palavras ardentes
as palavras magoadas da minha carta
que eu queria escrever-te amor...

Eu queria escrever-te uma carta...

Mas ah meu amor, eu não sei compreender
por que é, por que é, meu bem
que tu não sabes ler
e eu – Oh! Desespero! Não sei escrever também!

Conhecendo Moçambique

- **Localização:** costa oriental da África, fazendo fronteira com Zâmbia, Malawi e Tanzânia (Norte); Canal de Moçambique e Oceano Índico (Leste); Zimbabwe e África do Sul (Oeste); África do Sul e Suazilândia (Sul)
- **Área:** 799.390km^2
- **Ano de chegada dos portugueses:** 1498
- **Data de independência:** 25 de junho de 1975
- **Capital:** Maputo
- **Subdivisão:** 10 províncias (Cabo Delgado, Niassa, Nampula, Tete, Zambézia, Manica, Sofala, Inhambane, Gaza e Maputo)
- **População:** 19.420.036 habitantes (2005)

– **Grupos étnicos:** macuas, angones, macondes, aianas, nhanjas, tongas, bitongas, muchopes, suahilis e outros; indianos, párabes e europeus;

– **Línguas nacionais:** ronga, macua, sena, changana e outras

– **Clima:** tropical e úmido (Norte e costa); tropical seco (interior, sul e província de Tete); tropical árido (interior da província de Gaza); chuvas (out. a abril) e seca (maio a set.)

– **Recursos naturais:** energia hidrelétrica, gás, carvão, madeira; terra cultivável, algodão, cana-de-açúcar, castanha de caju, mandioca; minerais (sal, pedras preciosas e semipreciosas, bauxita, grafite e outros)

– **Moeda:** Metical

– **Indústria:** alimentos e bebida, têxtil, vestuário e tabaco

– **Exportação:** camarão, algodão, caju, açúcar, copra (polpa de coco) e chá

Conhecendo alguns textos da literatura moçambicana...

De Moçambique para o mundo, vozes literárias fazem ecoar em África os sons do *blues* e do *jazz* afro-americanos, paralelamente à denúncia contra a opressão e a crueldade do racismo inerentes ao sistema português. Ao mesmo tempo, as produções literárias moçambicanas imprimem as matrizes culturais africanas, ao remontarem as cenas da tradição oral articuladas às realidades de resistência à opressão colonial:

– afirmação da identidade moçambicana (moçambicanidade)
– afirmação da identidade negro-africana
– África-Mãe
– especificidades da natureza moçambicana
– expressões da etnicidade
– o universo da tradição oral moçambicana
– tensões entre oralidade e escrita
– relações étnico-raciais
– luta anticolonial
– estratégias políticas e mobilizações da FRELIMO

KARINGANA UA KARINGANA (José Craveirinha)

Este jeito
de contar as nossas coisas
à maneira simples das profecias
– Karingana ua Karingana –
É que faz o poeta sentir-se
Gente

E nem
de outra forma se inventa
o que é propriedade dos poetas
nem em plena vida se transforma
a visão do que parece impossível
em sonho do que vai ser.

– Karingana!

QUERO SER TAMBOR

Tambor está velho de gritar
Ó velho Deus dos homens
deixa-me ser tambor
corpo e alma só tambor
só tambor gritando na noite quente dos trópicos.

Nem flor nascida no mato do desespero
Nem rio correndo para o mar do desespero
Nem zagaia temperada no lume vivo do desespero
Nem mesmo poesia forjada na dor rubra do desespero.
Nem nada!

Só tambor velho de gritar na lua cheia da minha terra
Só tambor de pele curtida ao sol da minha terra
Só tambor cavado nos troncos duros da minha terra.

Eu
Só tambor rebentando o silêncio amargo da Mafalda
Só tambor velho de sentar no batuque da minha terra
Só tambor perdido na escuridão da noite perdida.

Ó velho Deus dos homens
eu quero ser tambor
e nem rio
e nem flor
e nem zagaia por enquanto
e nem mesmo poesia.
Só tambor ecoando como a canção da força e da vida
Só tambor noite e dia
dia e noite só tambor
até à consumação da grande festa do batuque!
Ó velho Deus dos homens
deixa-me ser tambor
só tambor!

REZA, MARIA!

Suam no trabalho as curvadas bestas
e não são bestas
são homens, Maria!

Corre-se a pontapés os cães na fome dos ossos
e não são cães
são seres humanos, Maria!

Feras matam velhos, mulheres e crianças
e não são feras, são homens
e os velhos, as mulheres e as crianças
são os nossos pais
nossas irmãs e nossos filhos, Maria!

Crias morrem à mingua de pão
vermes nas ruas estendem a mão à caridade
e nem crias nem vermes são
mas aleijados meninos sem casa, Maria!

Bichos espreitam nas cercas de arame farpado
curvam cansados dorsos ao peso das cangas
e também não são bichos
mas gente humilhada, Maria!

Do ódio e da guerra dos homens
das mães e das filhas violadas
das crianças mortas de anemia
e de todos que apodrecem nos calabouços
cresce no mundo o girassol da esperança.

Ah, Maria
põe as mãos e reza.
Pelos homens todos
e negros de toda parte
põe as mãos
e reza, Maria!

DEIXA PASSAR O MEU POVO (Noémia de Sousa)

Para João Silva

Noite morna de Moçambique
e sons longínquos de marimba chegam até mim
– certos e constantes –
vindos nem eu sei donde.
Em minha casa de madeira e zinco,
Abro o rádio e deixo-me embalar...
Mas as vozes da América remexem-me a alma e os nervos.
E Robeson e Marian cantam para mim
spirituals negros de Harlem.
"Let my people go"
– oh deixa passar o meu povo,
deixa passar o meu povo –,
dizem.
E eu abro os olhos e já não posso dormir.
Dentro de mim soam-me Anderson e Paul
E não são doces vozes de embalo.
"Let my people go"!

Nervosamente,
sento-me à mesa e escrevo...
Dentro de mim,
deixa passar o meu povo,
"oh, let my people go..."
E já não sou mais que instrumento
do meu sangue em tubilhão
com Marian me ajudando
com sua voz profunda – minha irmã.

Escrevo...
Na minha mesa, vultos familiares se vêm debruçar.
Minha Mãe de mãos rudes e rosto cansado
e revoltas, dores, humilhações,
tatuando de negro o virgem papel branco.

E Paulo, que não conheço
mas é do mesmo sangue da mesma seiva amada de Moçambique,
e misérias, janelas gradeadas, adeuses de magaíças,
algodoais, e meu inesquecível companheiro branco,
e Zé – meu irmão – e Saul,
e tu, Amigo de doce olhar azul,
pegando na minha mão e me obrigando a escrever
com o fel que me vem da revolta.
Todos se vêm debruçar sobre o meu ombro,
enquanto escrevo, noite adiante,
com Marian e Robeson vigiando pelo olho luminoso do rádio
– "let my people go
oh let my people go!"

E enquanto me vierem de Harlem
vozes de lamentação
e os meus vultos familiares me visitarem
em longas noites de insónia,
não poderei deixar-me embalar pela música fútil
das valsas de Strauss.
Escreverei, escreverei,
Com Robeson e Marian gritando comigo:
"Let my people go
OH DEIXA PASSAR O MEU POVO.

NEGRA

Gentes estranhas com seus olhos cheios doutros mundos
quiseram cantar teus encantos
para eles só de mistérios profundos,
de delírios e feitiçarias...
teus encantos profundos da África.

Mas não puderam.
Em seus formais e rendilhados cantos,

ausentes de emoção e sinceridade,
quedaste-te longínqua, inatingível,
virgem de contactos mais fundos.
E te mascararam de esfinge de ébano, amante sensual,
jarra etrusca, exotismo tropical,
demência, atracção, crueldade,
animalidade, magia...
e não sabemos quantas outras palavras vistosas e vazias.
Em seus formais cantos rendilhados
foste tudo, negra...
menos tu.

E ainda bem.
Ainda bem que nos deixaram a nós,
Do mesmo sangue, mesmos nervos, carne, alma
sofrimento,
a glória única e sentida de te cantar
com emoção verdadeira e radical,
a glória comovida de cantar, toda amassada,
moldada, vazada nesta sílaba imensa e luminosa: MÃE

Nesse breve percurso, relativo às produções literárias do período das lutas pela independência, evidenciam-se algumas especificidades dos países africanos de língua portuguesa. Isso permite verificar que a leitura das Literaturas Africanas de Língua Portuguesa, por um lado, contribui para que se fragmente a noção equivocada de que em África é tudo igual ou a de que o africano não demonstrou resistência formal ao processo colonizatório; por outro lado, dá visibilidade a um fazer estético-ideológico que se realiza via escrita, o que pode parecer novidade para quem ainda acredita que africano não escreve ou não tem produção intelectual. Ao mesmo tempo, tais textos literários revelam a direta relação entre os intelectuais das ex-colônias portuguesas, fato que comprova o diálogo estético-ideológico dos africanos de Língua Portuguesa com os brasileiros da época.

Tais interações literárias intensificam-se após o período colonial, articulando o fazer dos escritores independentistas ao das novas gerações, principalmente no eixo triangular Brasil-Angola-Moçambique. Tal trânsito estético-discursivo consolida-se na artesania das palavras de João Guimarães Rosa, José Luandino Vieira (Angola) e Mia Couto (Moçambique) e mantém-se na ficção de José Eduardo Agualusa e de Ondjaki (Angola) com a poesia de Manoel de Barros; nos versos de João Maimona (Angola) e de Luís Carlos Patraquim (Moçambique) com os de Carlos Drummond de Andrade, entre outros.

Além disso, a recepção das diversas obras das literaturas africanas leva não só à percepção da existência de um rico universo linguístico-cultural, como também à compreensão de que existe um cânone literário nessa produção e de que há um forte dinamismo nos processos de cada país, uma vez que, recentemente, novas vertentes estético-discursivas têm se consolidado, articulando cultura, erotismo, globalização e outros temas, para além do discurso libertário anticolonial. Todavia, embora fiquem constatadas a riqueza e a importância da leitura de tais textos, emerge uma questão de ordem prática: como processar essa viagem, se o acesso ao livro africano continua raro, caro, e o grande mercado editorial brasileiro não investe significativamente no potencial dessas literaturas estrangeiras provenientes dos países africanos de Língua Portuguesa, principalmente quando produzidas por mãos de pretos? Talvez isso ocorra, ainda que compulsoriamente, em função da Lei 10.639/2003, o que será mais uma contribuição não só para o processo interno brasileiro de melhoria da qualidade das relações étnico-raciais, como também para o estreitamento das relações entre os africanos e a diáspora negra de língua portuguesa.

A literatura afro-brasileira no contexto da literatura nacional: limites e possibilidades

Além das interações estético-discursivas existentes entre os cinco países africanos de Língua Portuguesa, verificadas a partir da leitura de suas respectivas literaturas, especialmente aquelas produzidas no período de lutas de libertação nacional, é possível verificar o diálogo dessas produções com as dos escritores afro-brasileiros. Categoria ainda polemizada no âmbito acadêmico, a Literatura Afro-Brasileira emerge no contexto nacional, em uma percepção inicial, predominantemente como um coro de vozes negras contra as vivências e processos brasileiros de evidente exclusão racial.

Segundo Eduardo de Assis Duarte, Literatura Afro-Brasileira corresponde a

> ...um conceito em construção, processo e devir. Além de segmento ou linhagem, é componente de amplo encadeamento discursivo. Ao mesmo tempo *dentro* e *fora* da Literatura Brasileira. Constitui-se a partir de textos que apresentam temas, autores, linguagens mas, sobretudo, um *ponto de vista* culturalmente identificado à afrodescendência, como fim e começo. (DUARTE)

Para Duarte, a presença desse *corpus* literário "implica redirecionamentos recepcionais e suplementos de sentido à história literária canônica" (www.letras.ufmg.br/literafro). Informações criteriosas e atualizadas sobre esse fazer em diferença encontram-se disponíveis no Portal da Literatura Afro-brasileira, cujo objetivo é

> divulgar e estimular a pesquisa e a reflexão a respeito da produção literária dos brasileiros afrodescendentes. Lugar rizomático, elo e ponto de encontro. Mas também ambiente lacunar, feito de presenças e ausências, que adquire sentido pelo que apresenta e pelo que ainda está por vir e apresentar. Espaço em construção, aberto sempre a visitas e intervenções. (www.letras.ufmg.br/literafro)

Em interface com as Literaturas Africanas de Língua Portuguesa, evidenciam-se as seguintes articulações estético-discursivas relativamente à Literatura Afro-brasileira:

– afirmação da identidade negra brasileira (afro-brasilidade)
– afirmação da identidade negro-africana
– retomada da África-Mãe na reflexão crítica sobre afrodescendência
– expressões de etnicidades como presentificação das heranças africanas
– o universo da tradições orais africanas e afro-brasileiras
– tensões étnico-raciais
– exclusão racial em contextos urbanos
– vivências e discursos da população negra brasileira
– luta antirracista
– estratégias políticas e mobilizações sociais

Conhecendo alguns textos da literatura afro-brasileira...

A COR DA PELE (Adão Ventura)

a cor da pele
 saqueada
 e vendida.

a cor da pele
chicoteada
e cuspida.

a cor da pela
camuflada
e despida

a cor da pele
vomitada
e engolida.

UM

em negro
teceram-me a pele.
enormes correntes
amarraram-me ao tronco
de uma Nova África.

carrego comigo
a sombra de longos muros
tentado impedir
que meus pés
cheguem ao final
dos caminhos.

mas o meu sangue
está cada vez mais forte,
tão forte quanto as imensas pedras
que os meus avós carregaram
para edificar os palácios dos reis.

PARA UM NEGRO

para um negro
a cor da pele
é uma sombra
muitas vezes mais forte
que um soco.

para um negro
a cor da pele
é uma faca

       que atinge

muito mais em cheio

       o coração

FLASH BACK

áfricas noites viajadas em navios
e correntes,
imprimem porões de amargo sal no meu rosto,
construindo paredes
de antigas datas e ferrugens,
selando em elos e cadeias,
o mofo de velhos rótulos deixados
no puir dos olhos.

ALGUMAS INSTRUÇÕES DE COMO LEVAR UM NEGRO AO TRONCO

levar um negro ao tronco
e cuspir-lhe na cara.

levar um negro ao tronco
e fazê-lo comer bosta.

levar um negro ao tronco
e sarrafiar-lhe a mulher.

levar um negro ao tronco
e arrebentar-lhe os culhões.

levar um negro ao tronco
e currá-lo no lixo.

SERÃO SEMPRE AS TERRAS DO SENHOR? (Esmeralda Ribeiro)

É invasão
quando gente do campo
planta o espírito de Palmares
e dá vazão ao desejo de criar
um Quilombo
e trabalhar com seus pares?
É invasão
se as terras do Senhor
cobrem-se de mato
enquanto olhares à espreita
esperam que uma estrela
traga-lhes justiça e
desfaça o temor?

É invasão
quando em Luiza Mahin
outra mulher se transforma
pra acabar com a dor
de ser tratada como
coisa-ruim?

É invasão
o homem
fincar os pés na terra, pois
será a própria Terra que
vai devorá-lo como
um joão-ninguém?

O UNIVERSO LITERÁRIO AFRICANO DE LÍNGUA PORTUGUESA COMO FERRAMENTA PARA A EFETIVAÇÃO DA LEI 10.639/03

Um dia, quem sabe,
depois dos 300, 400, 1000 anos de Palmares
gestaremos novos Zumbis, Acotirenes
para redesenhar
a Nação
e talvez do rubro solo
verdes frutos surgirão.

TROCAR DE MÁSCARA

Talvez temendo entrar na arena dos leões
eu esconda a coragem nos retalhos
coloridos da vida.
A pálida lua traz o sabor das privações
transformando o olho em ostra
Cismo: a pele em roupa não tem mais razões,
para ser trocada e assim
me recolho e me cubro com a mortalha
de anulações.

Mas, de manhã, ensaio novo ato
até atingir o ápice, surgindo para cada
público
um personagem. E, no camarim, sempre sou
Afro. Sem querer reprisar antigas cenas,
nas horas esparsas do dia,
refaço pra mim o desfecho do último
ato.

OLHAR NEGRO

Naufragam fragmentos
de mim
sob o poente
mas,
vou me recompondo
com o Sol
nascente,

Tem
Pe
Da
Ços

mas,
diante da vítrea lâmina
do espelho,
vou
refazendo em mim
o que é belo

Naufragam fragmentos
de mim
na coca
mas, junto os cacos, reinvento
sinto o perfume
de um novo tempo,

Fragmentos
de mim
diluem-se na cachaça
mas,
pouco a pouco,
me refaço e me afasto
do danoso líquido
venenoso

Tem
Pe
Da
Ços

tem
empilhados nas prisões,
mas
vou determinando
meus passos para sair
dos porões

tem
fragmentos
no feminismo procurando
meu próprio olhar,
mas vou seguindo
com a certeza de sempre ser
mulher

Tem
Pe
Da
Ços

mas
não desisto
vou
atravessando o meu oceano
vou
navegando
vou
buscando meu
olhar negro
perdido no azul do tempo
vou
voo,

VIZINHA (Jamu Minka)

Vejo
a vizinha se penteia, se penteia
serpenteia em meus sonhos
acorda-me e dá corda aos delírios
às sete é colírio pra olhos que sabem ver

Eva em névoa de vidro
Eva viva serpenteia, serpenteia
e as curvas cheias somem
em meio ao sutiã e à calcinha

A Eva se molda à moda
é manequim
se penteia, se penteia
mais dia menos dia
entre se penteia e serpenteia
seus pentelhos e meus olhos.

FAXINA INTERIOR

Fraturas
cicatrizes
escapei vivo e todo torto

Agora o balanço de tudo:
delícias do ardor
traumas do horror
a vida do avesso
volto ao começo

Depois do idílio, exílio
o que era amor é bolor
faço faxina interior
sobreviver é preciso
meu país residual, uma quitinete no meio
do caos.

FERINDO CHÃO (Miriam Alves)

Eu já tinha visto joelhos
ferindo chão
      implorando
      implorando
Eu já tinha visto
      sulco fundo na terra
      guardar segredos
      guardar

Eu já tinha visto
      corpos mortos
      vivos
      aterrados, aterrados

Eu já tinha visto
porém
chorei novamente

AUTOBIOGRÁFICO

No Out-Door
Auto-dor
em relevo
autobiográfico
No Out-Door
Alta-Dor
um afeto
autocida

No Out-Door
um grande feito
em baixo relevo

Um silêncio
Um silêncio
autobiográfico

PAISAGEM DE FOGO (Sônia Fátima da Conceição)

A boca se trai
simula um riso
ao atravessar a dor.

Treme todo corpo
          suga a árida paisagem
O suor que dele verte

Entre dentes – o grito doído do estômago
Paredes tateando fome
A dor decepa a força e domina.

Visões multiplicam-se, bocas
           riem estourando tímpanos,
           olhos aos milhares,
           brotando na paisagem de fogo.

A dor afaga as contrações
que não cessam
Rompe do ventre
a água que umedecia a boca.

Em meio aos gritos inúteis
           ao sofrimento intenso um novo
           ente compõe a hostil paisagem.

DESEJO

Parecia a ação
do vento prendendo gargantas
E
o pequeno retângulo corria indiferente
terra adentro
Os
estranhos traços traçados no rosto
do velho retratavam a indignação
das bocas rosadas
Do
ar condicionado um incômodo a
permear o coração do moço preto
Na
velocidade do metrô
lábios carnudos
estreitavam-se
cheios de desejos

BATIQUE (Edimilson Pereira)

A noite onde um caranguejo viu o oceano.
O amor no sangue flutua se ela tem a calça
flagrante. Os iludidos dissolvem suas cartas
brancas, os olhos brancos num corredor.
Mas os do blues querem outra margem,
A garganta incinera anjos quando se abre.

FALA

A tia costura colchas que o sol visita.
Algumas verão o amor, as especiais
usadas domingo para dizer com orgulho:
essa viveu ao fogo. A tia, como nós,
queremos ser mestres, ver num objeto
a que serviu e ainda serve. Vestimos
a árvore com latas fios de cobre. Diz
a tia era o esqueleto, mas agora é uma
joia. A tia costura coisas: de umas se vê
a linha, de outras apenas o intuito.

GARGANTA (Abelardo Rodrigues)

Hoje
é preciso que tua garganta
do existir
esteja limpa
para que jorre
teu negrume.

   Uma garganta não é corpo
          flácido
      É sangue escorrendo
    em leilão de cais.

        Tua garganta, irmão
        é uma quarta-feira
           de cinzas.

ZUMBI

As palavras estão como cercas
em nossos braços
Precisamos delas.
Não de ouro,
mas da Noite
do silêncio no grito
em mão feito lança
na voz feito barco
no barco feito nós
nos nós feito eu
                    No feto

        Sim,

20 de novembro
            é uma canção
            guerreira.

BATUQUE
(Dança afro-tietense)

Tenho um tambor
Tenho um tambor
Tenho um tambor

Tenho um tambor
Dentro do peito
Tenho um tambor

É todo enfeitado de fitas
Vermelhas pretas amarelas e brancas

Tambor que bate
Batuque batuque bate
Tambor que bate
Batuque batuque bate
Que evoca bravuras dos nossos avós
Tambor que bate

Batuque batuque bate
Tambor que bate
Batuque batuque bate
Tambor que bate
O toque de reunir
Todos os irmãos

NEGRITUDE (Celinha)
Para Jorge Henrique Gomes da Silva

De mim
parte um canto guerreiro
um voo rasante, talvez rumo norte
caminho trilhado da cana-de-açúcar
ao trigo crescido, pingado de sangue
do corte do acoite. Suor escorrido
da briga do dia
que os ventos do sul e o tempo distante
não podem ocultar.

De mim
parte um abraço feroz
um corpo tomado no verde do campo
beijando no negro da boca da noite
amado na relva, gemido contido
calado na entranha
oculto do medo da luz do luar.

De mim
parte uma fera feroz
(com sede, com fome)
de garras de tigre
pisar de elefante correndo nas veias
de fogo queimado vermelho nas matas
rugir de leões bailando no ar.

De mim
parte de um pedaço de terra
semente de vida com gosto de mel

criança parida com cheiro de luta
com jeito de briga na areia da praia
de pele retinta, deitada nas águas
sugando os seios das ondas do mar.

De mim
parte N E G R I T U D E
um golpe mortal
negrura rasgando o ventre da noite
punhal golpeando o colo do dia
um punho mais forte que as fendas de aço
das portas trancadas
da casa da história.

EU-MULHER (Conceição Evaristo)

Uma gota de leite
me escorre entre os seios.
Uma mancha de sangue
me enfeita entre as pernas
Meia palavra mordida
me foge da boca.
Vagos desejos insinuam esperanças.

Eu-mulher em rios vermelhos
inauguro a vida.
Em baixa voz
violento os tímpanos do mundo.
Antevejo.
Antecipo.
Antes-vivo
Antes – agora – o que há de vir.
Eu fêmea-matriz.
Eu força-motriz.
Eu-mulher
abrigo da semente
moto-contínuo
do mundo.

A NOITE NÃO ADORMECE NOS OLHOS DAS MULHERES

Em memória de Beatriz Nascimento

A noite não adormece
nos olhos das mulheres
a lua fêmea, semelhante nossa,
em vigília atenta vigia
a nossa memória.

A noite não adormece
nos olhos das mulheres
há mais olhos que sono
onde lágrimas suspensas
virgulam o lapso
de nossas molhadas lembranças.

A noite não adormece
nos olhos das mulheres
vaginas abertas
retêm e expulsam a vida
donde Ainás, Nzingas, Ngambeles
e outras meninas luas
afastam delas e de nós
os nossos cálices de lágrimas.

A NOITE NÃO ADORMECERÁ

A noite não adormecerá
jamais nos olhos das fêmeas
pois do nosso sangue-mulher
do nosso líquido lembradiço
em cada gota que jorra
um fio invisível e tônico
pacientemente cose a rede
de nossa milenar resistência.

MALUNGO, BROTHER, IRMÃO

No fundo do calumbé
nossas mãos ainda
espalmam cascalhos
nem ouro nem diamante
espalham enfeites
em nossos seios e dedos.

Tudo se foi,
mas a cobra deixa o seu rastro
nos caminhos por onde passa
e a lesma lenta
em seu passo-arrasto
larga uma gosma dourada que brilha ao sol.

Um dia antes
Um dia avante
a dívida acumula
e fere o tempo tenso
da paciência gasta
de quem há muito espera.

Os homens constroem
no tempo o lastro,
laços de esperanças
que amarram e sustentam
o mastro que passa
de vida em vida.

MAR GLU-GLU (Cuti)

bunda que mexe remexe e me leva
num belo novelo de apelo e chamego

me pego a pensar que essa vida precisa envolver como tu
nesse dengo gostoso que nina e mastiga meu olho
que vai atrás

sonho carnudo embalando as ondas ou dunas colinas
montanhas veludo-moventes do caminhar

balanço de exuberância a marolar a distância...

A bunda é mergulho e murmúrio no mar glu-glu
a forma do espaço repleto e nu.

PARA OUVIR E ENTENDER "ESTRELA"

Se o Papai Noel
não trouxer boneca preta
neste Natal
meta-lhe o pé no saco!

É TEMPO DE MULHER

a mulher ainda desespera
à espera do primeiro beijo
úmido de sim
e permissão de macho

a mulher no entanto conspira
na sua ira secular de silêncio
em sua ilha de nãos
e arremessos
exercitando batalhões oníricos

o relógio com suas obrigações e rugas
questiona Eros
homo
hetero
o útero e seu mistério
sapato de salto
batom
rouge

e este inadiável instante etéreo
de saltar

       para

           dentro

              de

                  si.

EM MAIO (Oswaldo de Camargo)

Já não há mais razão de chamar as lembranças
e mostrá-las ao povo
em maio.
Em maio sopram ventos desatados
por mãos de mando, turvam o sentido
do que sonhamos.
Em maio uma tal senhora liberdade se alvoroça,
e desde às praças das bocas entreabertas
e começa:
"Outrora, nas senzalas, os senhores..."
Mas a liberdade que desce à praça
nos meados de maio
pedindo rumores,
é uma senhora esquálida, seca, desvalida
e nada sabe de nossa vida.
A liberdade que sei é uma menina sem jeito,
vem montada no ombro dos moleques
e se esconde
no peito, em fogo, dos que jamais irão
à praça.
Na praça estão os fracos, os velhos, os decadentes
e seu grito: "Ó bendita Liberdade!"
E ela sorri e se orgulha, de verdade,
do muito que tem feito!

Eu falo as vozes (Waldemar Euzébio Pereira)

Eu falo as vozes de totunha, de avô mazola, do tio balê e de toda uma nação de gente que, sem saber, carregou no dentro de si a voz dos cantos, a felicidade, a angústia e uma história que se perde no seu começo. trivó duzinha cozinhava ovos com olhar dos olhos (manduca fazia correr o que não tinha perna), e derramou em meu sangue esse calor de poleiro, de algazarra de penas e cantoria. vai longe os conselhos de zefa, as garrafadas de pantião, as rezas de segredo produzindo boa cura, mesmo naqueles que não se viam pelos olhos da presença. falo sem força de querer ou desejo de pensar. é corredeira d'água, correndo em pedra de seixo, em grandes quedas e sem evitar grotão. é qual pensamento meu. de lá vem sofrimento que me dói aos ombros, me pesa as pernas e me cansa o corpo. essa coisa de fala que fala essa coisa de sem viver, vivido, sem avistar, já sentido e quando visto é reassombro de reencontro. eu falo por totunha, mazola e balê: príncipes e reis, princesas e rainhas. de mim nada sei, nada falo nada quero para. me perco no zarolho dos olhos da meia-noite. me reassumo. quero que ouças o canto da flauta de osso e tenhas maneiras suaves de bater o coração, ao possuir tua suave dona. tenhas tu maneiras suaves de rasgar o pão e repartir teu sangue, e participarás do mistério do riso que borbulha em luz de sol, inda que meia a noite; quando serás ceia de ti mesmo. eu falo a voz do vento que zune e tal que nem flauta seus elementos modulam em minhas cavernas suas melodias. apura-te que me resumo e um tan tan tange longe, tan tan tange longe, tan tange longe, tan tange longe, tan tange longe, tan tange longe...

Conhecendo alguns nomes da literatura afro-brasileira...

Abdias do Nascimento – Abelardo Rodrigues – Abílio Ferreira (José Abílio Ferreira) – Adão Ventura – Adilson Vilaça – Aline França – Allan da Rosa – Aloísio Resende – Alzira dos Santos Rufino – Ana Cruz – Anajá Caetano – Anízio Vianna – Anelito de Oliveira – Antonieta de Barros – Antônio Pedro de Figueiredo Antônio Vieira – Aristides Barbosa – Aristides Teodoro – Arlindo Veiga dos Santos Arnaldo F. Xavier – Bahia (José Ailton Ferreira) – Bernardino da Costa Lopes (B. Lopes) – Bruno de Menezes – Carlos Correia Santos – Carlos de

Assumpção Carolina M. de Jesus – Cidinha da Silva – Clóvis Moura – Conceição Evaristo – Consuelo Dores da Silva – Cristiane Sobral – Cruz e Sousa, João da – Cuti – Cyana Leahy-Dios – Domício Proença Filho – Domingos Caldas Barbosa – Edison Carneiro – Edimílson de Almeida Pereira – Edson Lopes Cardoso – Eduardo de Oliveira – Ele Semog – Eliane Rodrigues da Silva – Eliete Rodrigues da Silva – Elisa Lucinda – Esmeralda Ribeiro – Estêvão Maya Maya – Eustáquio José Rodrigues (Luís Cláudio Lawa) – Fausto Antônio – Fernando Conceição – Fernando Ferreira Góes – Francisca Souza e Silva – Francisco de Paula Gonçalves – Francisco Maciel – Geni Mariano Guimarães – Antônio Gonçalves Crespo – Grande Otelo – Heloisa Pires – Henrique Cunha Jr. – Ivan Cupertino – J. Romão da Silva – Jaime Sodré – Jamu Minka – Jeová Silva Santana – João de Deus do Rego – Joel Rufino dos Santos – Jomar Moraes – Jonas Fontenelle da Silva – Jônatas Conceição – José Carlos Limeira – José da Natividade Saldanha – José do Patrocínio – José Endoença Martins – José Santo Souza – Júlio Emílio Braz – Jussara Santos – Landê Onawale (Reinaldo Santana Sampaio) – Laura Rosa – Laura Santos – Leda Maria Martins – Lepê Correia (Severino Lepê Correia) – Lia Vieira (Eliane Vieira) – Lima Barreto, – Lino Guedes – Lourdes Teodoro (Maria de Lourdes Teodoro) – Luis Ademir Cerqueira Souza – Luís Fulano de Tal (Luís Carlos Santana) – Luiz Gama – Mãe Beata de Yemanjá – Machado de Assis, Joaquim Maria – Márcio Barbosa – Marcos Dias – Maria do Carmo Galdino – Maria Firmina dos Reis – Maria Helena Vargas (M. Helena Vargas da Silveira) – Martinho da Vila – Mestre Didi (Deoscóredes Maximiliano dos Santos) – Miriam Alves – Muniz Sodré – Nei Lopes – Oliveira Silveira – Osório Alves de Castro – Oswaldo de Camargo – Oubi Inaê Kibuko – Paula Brito, Francisco de – Paulo Colina (Paulo Eduardo de Oliveira) – Paulo Nassar – Pedro Kilkerry – Raimundo de Souza Dantas – Ramatis Jacino – Raul Astolfo Marques – Raul Joviano do Amaral – Ricardo Dias – Ricardo Aleixo – Rogério Andrade Barbosa – Romeu Crusoé – Ronald Augusto (Ronald Tutuca) – Ruth Guimarães – Salgado Maranhão – Santiago Dias – Shirley Pereira de Queirós – Silva Rabelo, Laurindo José da – Silvério Gomes Pimenta – Solano Trindade – Sônia Fátima da Conceição – Sônia van Dijck – Souza Carneiro, A. J. – Vilmar Alves – Waldemar Eusébio Pereira

Obs.: Os textos literários citados nesta seção foram estudados em sala de aula durante o curso e encontram-se aqui mencionados nos termos da Lei Autoral nº 9.610/1998, em seu Título III, Capítulo IV, art. 46. Tais textos podem ser encontrados, na íntegra, principalmente nas seguintes referências:

FERREIRA, Manuel. *50 poetas africanos:* Angola, Moçambique, guiné-Bissau, Cabo Verde, São Tomé e Príncipe. Lisboa: Plátano Editora, 1989.

CADERNOS NEGROS. Melhores contos; Melhores poemas. São Paulo: Quilombhoje, 1998.

Literaturas africanas e afro-brasileira na prática pedagógica

Miriam Lúcia dos Santos Jorge
Iris Maria da Costa Amâncio

> *Uma educação antirracista não só proporciona o bem-estar do ser humano, em geral, como também promove a construção saudável da cidadania e da democracia brasileiras.*
>
> (Eliane Cavalleiro, 2005)

Sugestões práticas para a efetivação da Lei 10.639/2003: a contribuição dos textos das literaturas africanas e afro-brasileira

As atividades apresentadas a seguir foram elaboradas por alunos do *I Curso de Aperfeiçoamento em História da África e das Culturas Afro-Brasileiras*. São atividades que objetivam tornar possível o cumprimento da Lei 10.639/03 (doravante apenas Lei), que determina a obrigatoriedade da inclusão, no currículo oficial da Rede de Ensino, da temática *História e Cultura Africana e Afro-Brasileira*. Mais que atender à demanda da Lei, no entanto, as atividades aqui apresentadas criam muitas oportunidades de inovação para a prática pedagógica de professores(as) de vários segmentos da Educação Básica e da Educação Infantil. Inovam por trazer uma temática que por muito tempo tem sido ignorada ou marginalizada nas práticas escolares. Inovam por permitir que alunos(as) e professores(as) assumam novos papéis na escola: são pesquisadores, poetas, bailarinos, debatedores, sempre críticos e sensíveis aos elementos que nos unem à África e sua literatura. Inovam por possibilitar novas relações entre a escola e a comunidade, que pode ser coparticipante na promoção de eventos que celebram a riqueza da cultura negra.

A turma do ano de 2006, em conjunto, apresentou um total de dezenove trabalhos. Fazer a seleção e a edição das atividades que constituiriam este livro não foi tarefa simples, pois em cada atividade identificamos possibilidades de desdobramentos em novas propostas de trabalho, novas formas de usar o conhecimento e o compromisso com uma prática situada em diferentes escolas. Os objetivos das atividades poderiam ser alcançados por caminhos diferentes ou semelhantes, levando professores(as) e alunos(as) a diversas formas de trabalhar. Assim, optamos por apresentar com mais detalhes nove atividades, que nos pareceram mais representativas das possibilidades de propostas do grupo. As outras dez atividades, não de menor importância, são apresentadas de maneira mais objetiva, visto que delas destacamos ideias que podem se desdobrar em várias sugestões de atividades e projetos de caráter inovador na escola.

Dos objetivos gerais e específicos

O trabalho com Literatura ocupa um espaço privilegiado no atendimento dos objetivos da Lei 10.639/03, uma vez que a Literatura cria oportunidades diversas para discutir aspectos culturais e históricos do continente africano e do Brasil, bem como fomentar o pensamento crítico acerca de realidades diversas. Assim, das propostas apresentadas pelas professoras que realizaram a disciplina *Literaturas Africanas e Afro-Brasileira: principais autores e tendências*, pudemos destacar os seguintes objetivos gerais:

Com relação à formação de professores

- Formar professores(as) sensíveis à questão racial.
- Propiciar aos professores(as) oportunidades de desenvolver em suas escolas trabalhos interdisciplinares com professores(as) de Geografia e História, principalmente.
- Permitir que professores(as) se formem para implementar a Lei 10.639/03 em suas escolas.

Com relação ao imaginário sobre a África

- Desconstruir o imaginário sobre a África, reduzido a imagens que depreciam o continente e o reduzem a uma série de estereótipos equivocados.
- Promover a construção de imagens positivas de negros(as) e, por consequência, de outras minorias étnicas.
- Apresentar a África com um continente múltiplo em culturas e organizações sociais.
- Oferecer, por meio da fruição poética, elementos para a construção de novos mapas mentais sobre o continente africano.

Com relação ao trabalho com as literaturas africanas e afro-brasileiras

- Possibilitar o contato com literaturas por vezes desconhecidas ou marginalizadas no Brasil.
- Contrapor as literaturas africanas às literaturas hegemônicas.
- Estimular o interesse e o desejo de conhecer culturas de matriz africana.
- Promover a valorização das culturas africanas e afro-brasileiras.
- Estudar autores negros contemporâneos que refletem sobre a identidade brasileira.
- Utilizar conhecimentos interdisciplinares para fazer leituras críticas de textos literários.

Com relação às culturas africanas e brasileiras

- Contrastar as culturas africanas e brasileiras na contemporaneidade e no processo de formação do Brasil.
- Refletir sobre a presença do negro na literatura brasileira.

Com relação a gêneros textuais e literários

- Ler diferentes tipos de textos literários: narrativa, poesia, teatro, cartas, crônicas, etc.
- Problematizar a leitura literária.

Da interdisciplinaridade

Com relação ao desenvolvimento de um ensino de natureza interdisciplinar, identificamos na maioria dos trabalhos propostas de diálogos com outras áreas do conhecimento, da seguinte maneira:

História

Estudo dos processos de colonização de países africanos, estudo dos processos de independência, contrastes com a história do Brasil.

Geografia

Estudo de mapas, aspectos ambientais e demográficos do continente Africano, com ênfase nos países de língua portuguesa.

Artes

Estudo de diferentes linguagens e expressões artísticas. Produção de eventos artísticos na escola em que os alunos apresentem números de música e dança, leitura de poemas, exposição de fotos, desenhos e pinturas.

Das formas de organização do trabalho na escola

As atividades sugeridas pelas professoras também preveem diferentes formas de organização do trabalho de alunos(as) e professores(as):

Colaboração entre alunos(as)

Alunos(as) podem trabalhar individualmente e socializar os resultados de seus trabalhos com a turma inteira. As atividades podem ser desenvolvidas também por grupos de alunos(as), de forma a maximizar o trabalho com autores(as), textos e gêneros diferentes. Ainda é possível promover atividades em que alunos(as) de turmas diferentes trabalhem de maneira integrada, ora desenvolvendo atividades que se complementam, ora desenvolvendo trabalhos em equipe.

Colaboração entre professores(as) e outros(as) profissionais da escola

Muitas atividades preveem que o mesmo trabalho seja desenvolvido em turmas diferentes, sob a orientação de equipes com professores(as) de Português, História, Artes e Geografia. Algumas atividades demandam a participação de todo o coletivo da escola, com a organização de eventos abertos à comunidade escolar e externos à escola (sarau e concursos).

Colaboração com a comunidade

A comunidade pode ser convidada para participar das atividades da escola. Os grupos de *hip-hop*, samba, dança, *rock*, os diferentes movimentos sociais e culturais e outros podem participar dos eventos da escola. Nesse sentido, a divulgação do conhecimento sobre literaturas africanas e afro-brasileira terá um alcance maior, além de ser uma oportunidade de estreitar as relações da escola com as famílias dos alunos.

Dos materiais de ensino

Também em relação aos materiais de ensino que podem ser utilizados, destacamos:

Materiais de referência

Mapas, atlas, enciclopédias, revistas, *CD-ROMS, websites* e outros recursos onde os alunos(as) possam encontrar um amplo espectro de informações sobre a África, os países de língua portuguesa na África, os poetas, os(as) escritores(as) africanos(as) e brasileiros(as), biografias de autores e outras informações pertinentes.

Materiais para composição de murais, pôsteres, quadros de variedades, etc.

Revistas com muitas ilustrações de pessoas, paisagens, mapas, etc. Fotos variadas de escritores(as) africanos(as) e brasileiros(as). Tecidos coloridos com estampas de matriz africana.

Materiais para a sensibilização artística e cultural dos alunos(as)

CDs de música africana e brasileira de matriz africana, panos africanos, artefatos culturais vindos de diferentes regiões da África e do Brasil, que possam representar influências da cultura negra.

Sugerimos que os(as) professores(as) que pretendam desenvolver as atividades utilizem os livros encontrados nas bibliotecas de suas escolas, assim como em bibliotecas públicas e universitárias de sua cidade. Lembramos também que a *Internet* disponibiliza uma infinidade de *sites* e ferramentas de busca que podem ser utilizados. Os(as) professores(as) podem imprimir as informações e as imagens para criar seu próprio livro de referência (sem se esquecer de citar as fontes). Os livros e os *sites* também podem ser indicados para que os alunos sejam autônomos no desenvolvimento de suas pesquisas.

Da avaliação

Ao avaliar as atividades, os(as) professores(as) precisam encontrar seus próprios caminhos, que sejam coerentes com suas práticas pedagógicas. O importante é que não só os produtos (exercícios, textos, cartazes, etc.) sejam objetos de avaliação, mas que se avalie o processo em si, para que os planos de aula sejam reformulados a partir da avaliação dos próprios alunos, bem como dos professores envolvidos. Dessa forma, apenas algumas atividades vêm acompanhadas de sugestões precisas de avaliação. Professores(as) que quiserem usar as atividades sugeridas neste livro terão toda a liberdade de criar e recriar formas de avaliar o trabalho e a aprendizagem dos(as) alunos(as).

Considerações finais

As atividades que apresentamos a seguir foram elaboradas por professoras da Educação Infantil, do Ensino Fundamental, do Ensino Médio e da Educação de Jovens e Adultos. São profissionais que entendem da realidade da sala de aula e da escola, portanto propõem atividades bastante adequadas para a realidade escolar. Professores(as) que desejarem utilizar as atividades sugeridas em sua sala de aula poderão fazê-lo; no entanto, as atividades precisarão ser adaptadas e adequadas para cada nível de ensino, escola, grupo de alunos, etc.

Dessa forma, ao publicarmos as atividades produzidas pelas professoras/cursistas pretendemos não prescrever práticas, mas compartilhar ideias que possam favorecer o ensino das literaturas africanas e afro-brasileira nas escolas do Brasil.

Propostas de atividades

ATIVIDADE 1: Como usar a Literatura Africana e Afro-Brasileira na sala de aula
Autora: Jancelayne Desiree Martins Luz
Escola Municipal Gracy Viana Lage

ESTRUTURA	DESCRIÇÃO
Objetivos	– Conhecer a Lei 10.639 e suas consequências na educação brasileira. – Conhecer países africanos de língua portuguesa. – Explorar as dimensões sociais, culturais, políticas, geográficas e literárias desses países. – Promover oportunidades de discussão e reflexão sobre a cultura negra, por meio da comparação das literaturas brasileira e africanas.
Nível de ensino	Educação de Jovens e Adultos (EJA)
Materiais	– Texto da Lei 10.639/2003 e das diretrizes para a implementação das mesmas. – Mapas da África ou outros. – Materiais de referência sobre características dos países estudados (dados geográficos, estatísticos, culturais, imagens, gráficos, etc.). – Materiais para confecção de murais (papéis coloridos, tesoura, cola, revistas com imagens da África e do Brasil, fotos, cópias de poemas, fotos de poetas e escritores africanos, etc.).
Metodologia	**Primeiro Momento: Estudo da Lei 10639/2003** Os alunos farão uma leitura dos textos referentes à Lei 10.639/72, a fim de compreender seus objetivos, as consequências de sua implementação na educação das crianças, jovens e adultos brasileiros e as formas como essa lei pode ser implementada na escola. **Segundo Momento: Mural de Literatura** Os(As) alunos(as) produzirão murais sobre as literaturas africanas. O conteúdo dos murais pode incluir fotos dos(as) autores(as), suas biografias, dados sobre seus países, mapas, imagens, fragmentos de textos, etc. **Terceiro Momento: Sarau de Poesias** Os(as) alunos(as) podem selecionar poemas para leitura em um sarau. **Quarto momento: Estudo de países Africanos** Os(as) alunos(as) pesquisam informações referentes aos países africanos de língua portuguesa. As informações podem ser relativas aos aspectos que respondam às necessidades específicas da turma.
Avaliação	Processual, eliciando dos(as) alunos(as) informações sobre o que tem sido aprendido.

ATIVIDADE 2:Um Pouco de África, um pouco de Poesia
Autora: Andréia Martins da Cunha
Secretaria de Estado de Educação (SEE/MG)

ESTRUTURA	DESCRIÇÃO
Objetivos	– Levantar dados históricos, geográficos e biográficos a partir da análise dos textos poéticos. – Classificar os dados como sociais (históricos, políticos e geográficos) ou culturais (religiosos e artísticos). – Realizar pesquisa geográfica (levantamento das regiões africanas a partir da seleção das paisagens e dos elementos culturais descritos nos textos poéticos). – Sintetizar os fatos políticos e sociais identificados a partir das análises dos poemas. – Realizar pesquisa biográfica de autores(as) trabalhados destacando período histórico e região a que pertencem.
Nível de ensino	**Últimos anos do Ensino Fundamental e Ensino Médio**
Materiais	– Textos literários de autores(as) de países diferentes, que trabalhem com temáticas diversas. – CDs de música da África. – Livros, mapas, atlas, revistas, panfletos, postais, qualquer material que possa trazer informações sobre o continente africano e seus países. – Materiais para confecção de murais e pôsteres. – Folhas, pedras, plantas e outros materiais da natureza. – Folhas de atividades. – Cópias de poemas. **Poemas sugeridos** • *Poema do Mar* – Jorge Barbosa (Cabo Verde) • *Você, Brasil* – Jorge Barbosa (Cabo Verde) • *Flagelados do Vento-Leste* – Ovidio Martins (Cabo Verde) • *Esperança* – Vasco Cabral (Guiné-Bissau) • *Nós somos* – Helder Proença (Guiné– Bissau) • *Lá no Água Grande* – Alda Espírito Santo (São Tomé e Príncipe) • *Adeus à hora da largada* – Agostinho Neto (Angola)
Metodologia	**A. Primeiro contato** O aluno(a) será convidado(a) a fazer uma viagem por meio das palavras, para estimular, além da cognição, os aspectos sensório-emocionais do trabalho com poesia. Para isso, poderão ser levados para a sala de aula materiais que possibilitem o alcance desse objetivo, tais como música ambiente (preferencialmente de matriz africana), folhas secas, flores, plantas variadas, tecidos de cores fortes. Esses materiais podem ser tocados, descritos e manipulados pelos alunos, para que sejam evocadas sensações e ideias relacionadas aos objetos. (continua)

LITERATURAS AFRICANAS E AFRO-BRASILEIRA NA PRÁTICA PEDAGÓGICA

ESTRUTURA	DESCRIÇÃO
Metodologia	• O(a) professor(a) faz uma leitura do poema em voz alta. • Os(as) alunos(as) expressam as sensações provocadas pelo primeiro contato com o texto, por meio de desenhos ou de palavras. • As produções dos(as) alunos(as), resultantes da atividade anterior, são socializadas em grupos. • Os(as) alunos(as) fazem uma leitura silenciosa dos poemas selecionados pelo(a) professor(a). **B. Levantamento de dados coletados a partir da análise de textos poéticos** Depois de uma leitura inicial silenciosa dos poemas, os(as) alunos(as) reúnem-se em grupos para fazer anotações sobre os textos. As anotações podem ser em forma de "tempestade de ideias" ou relativas a aspectos específicos solicitados pelo professor. Essas anotações serão utilizadas na confecção de um pôster, que pode ser afixado na sala de aula. **C. Classificação dos dados como sociais ou culturais** Organizados em grupos, os(as) alunos(as) recebem a cópia da *folha de atividades* que deverá ser preenchida com informações encontradas nos poemas. A folha de atividade poderá conter a tabela abaixo. *(tabela abaixo)* Depois de preenchida a tabela, os(as) alunos(as) podem comparar seus resultados com os de outros colegas. As respostas podem ser consolidadas em uma única tabela coletiva, construída a partir dos diferentes resultados. **D. Pesquisa geográfica: levantamento das regiões africanas a partir da seleção de paisagens e elementos culturais descritos nos textos poéticos.** Em pequenos grupos, os(as) alunos(as) receberão materiais tais como livros, mapas, atlas, revistas, panfletos, postais e todo tipo de material que possa trazer informações sobre o continente africano e seus países. Os materiais podem ser explorados para confeccionar cartazes temáticos sobre o continente africano ou países específicos. **E. Pesquisa histórica: levantamento dos fatos políticos e sociais retirados das análises feitas nas poesias** Usando os mesmos materiais sugeridos para a atividade anterior, especialmente aqueles com maior conteúdo histórico, os(as) alunos(as) irão construir uma linha do tempo com as datas mais significativas na história do continente africano, tais como a chegada dos portugueses nas terras africanas, o período em que o comércio humano se tornou maior, o declínio do modelo escravocrata e o período de independência das diversas (continua)

SOCIAIS			CULTURAIS	
Históricos	Políticos	Geográficos	Religiosos	Artísticos

ESTRUTURA	DESCRIÇÃO
Metodologia	nações africanas. Além da linha do tempo, um *quadro de atualidades* pode ser construído, com informações que reforcem as riquezas materiais e culturais do continente africano **F. Pesquisa literária: levantamento biográfico dos autores** Em grupos, os(as) alunos(as) receberão materiais nos quais possam pesquisar informações sobre autores(as) africanos(as). Livros, revistas, *sites* da *internet* e jornais são ótimos recursos. Nessa etapa do trabalho, os(as) alunos(as) identificarão a nacionalidade dos autores trabalhados. As realidades sócio-históricas de seus países serão pesquisadas pelos alunos. A partir dos estudos realizados pelos(as) alunos(as), serão discutidos os usos sociais da poesia e da literatura na África, em um sentido mais amplo. A discussão poderá resultar na produção de um texto coletivo agregando as informações obtidas e as opiniões de cada participante sobre o trabalho feito até então. **G. Várias Áfricas dentro de muitos Brasis** Esta é uma atividade sobre o poema *Você, Brasil*. Por meio do estudo desse poema, serão estabelecidos contrastes e comparações entre o Brasil e a África. Orientados pelo(a) professor(a), os(as) alunos(as) analisarão cada verso do poema a fim de identificar os elos que unem a África e o Brasil. Ao término da análise e finalizando o projeto de ensino, os(as) alunos(as), organizados em grupos, desenvolverão atividades diferentes por eles escolhidas, objetivando dar visibilidades aos elos África / Brasil. As linguagens poderão ser diversas, tais como dança, música, teatro, poesia, etc.
Avaliação	Toda a produção dos(as) alunos(as) pode ser objeto de avaliação.

ATIVIDADE 3: Trabalho com gêneros diferentes
Autora: Geni Ferreira Freitas
Escola Municipal Monteiro Lobato

ESTRUTURA	DESCRIÇÃO
Objetivos	– Estudar sobre o país de origem de autores africanos (Moçambique e Angola). – Explorar as características de gêneros diferentes (carta, poesia e crônica). – Estimular a produção textual individual. – Produzir textos de gêneros diferentes. – Associar os gêneros diferentes a autores(as) africanos(as). – Discutir a influência da literatura brasileira nas literaturas africanas de língua portuguesa. – Contextualizar as condições de produção dos textos em relação à época em que foram escritos, à situação política do país, à formação dos(as) autores(as) e outras informações pertinentes. – Discutir a questão da intertextualidade. <div align="right">(continua)</div>

LITERATURAS AFRICANAS E AFRO-BRASILEIRA NA PRÁTICA PEDAGÓGICA

ESTRUTURA	DESCRIÇÃO
Nível de ensino	Educação de Jovens e Adultos (EJA)
Materiais	– CDs de música africana e afro-brasileiras. – Textos de autores(as) diversos(as) que ilustrem os diferentes gêneros. – Cópias do poema *Você, Brasil,* de Jorge Barbosa. – Cópia do texto *Itinerário para Pasárgada,* de Osvaldo Alcântara. – Textos de Carlos Drummond de Andrade que foram referência para a poesia da África. – Textos de Mia Couto (crônicas jornalísticas tais *como Como um homem macho se cirurgiou a mulher*; *Receita para desfazer um país*; *A dívida Interna*; *Continuador*). – Textos de autores(as) brasileiros(as) que exploram temáticas semelhantes àquelas discutidas por autores(as) africanos(as), tais como inflação, política, situação econômica e social do Brasil, etc.
Metodologia	**A. Cartas** **Autores:** • **EduardoWhite**: *Carta de um navegador moçambicano ao navegador português Vasco da Gama* e *Carta urinante sobre um nocturno mijador.* • **José Eduardo Agualusa**: (C*arta à Madame de Jouarre, Luanda, Junho de 1868*; *Carta a Madame de Jouarre, Luanda, setembro de 1876* e *carta a Madame de Jouarre Novo Redondo, Outubro de 1876*) • Cada aluno(as) escolhe um(a) personagem da história brasileira ou alguém de seu conhecimento e escreve-lhe uma carta, usando o tom que melhor lhe convier (ironia, admiração, cobrança, etc.). • É importante que o(a) professor(a) oriente os(as) alunos(as) na conceituação do gênero carta. • O(a) professor(a) organiza uma correção coletiva dos textos. **B. Poesia de Autores Africanos** • Helder Proença • Manuel Ferreira • Agostinho Neto • Noémia de Sousa • Alda Espírito Santo • Carlos Almada • Marcelo da Veiga • Jorge Barbosa • Oswaldo Alcântara (continua)

ESTRUTURA	DESCRIÇÃO
Metodologia	**Autores(as) brasileiros(as)** • Cuti • Geni Guimarães • Jorge de Lima • José Carlos Limeira • Roseli Nascimento • Adão Ventura • Os(as) alunos(as), organizados em grupos, desenvolverão atividades diversas (interpretação, ilustração, reescritura, etc.), elaboradas pelo(a) professor(a). Cada grupo de alunos pode trabalhar com um autor diferente. • Os(as) alunos(as) podem produzir poemas a partir da identificação de temas e formas de expressão poéticas. • É importante que o(a) professor(a) oriente os(as) alunos(as) na conceituação do gênero poesia. **C. Crônica** • Os(as) alunos(as) podem ler crônicas de Mia Couto e de cronistas brasileiros (Frei Beto, Jô Soares e outros) que tratam das mesmas temáticas. • Sugerir várias formas de contrastar os textos e estimular os(as) alunos(as) a produzir suas próprias crônicas. • Assim como no caso das cartas e da poesia, o(a) professor(a) precisa explorar as características do gênero crônica para desenvolver essas atividades.
Avaliação	• Produção de relatórios de pesquisas e/ou reescritura dos textos. • Organização de um Caderno de Poesia com poemas, crônicas e cartas produzidas por alunos(as) e professores(as). • Organização de um sarau para o lançamento do Caderno de Poesia, no qual a decoração, a comida e a bebida serão de origem africana.
Observação	Para desenvolver essa atividade, o(a) professor(a) ou a equipe de professores(as), poderá considerar a totalidade de seus alunos(as), i.e, não será necessário trabalhar da mesma forma em todas as turmas, de forma que os(as) alunos(as) tenham liberdade na escolha do gênero que gostariam de explorar. O mais importante será assegurar que cada gênero trabalhado (carta, poesia e crônica) seja explorado por um mesmo número de alunos(as) (sugerimos 30 alunos), mesmo que sejam de turmas diferentes. O mesmo pode acontecer com os textos que serão estudados.

ATIVIDADE 4: África e Brasil: Continente e Países Irmãos
Autora: Simone Meireles
Escola Municipal Monteiro Lobato

ESTRUTURA	DESCRIÇÃO
Objetivos	– Promover a elevação da autoestima de crianças negras, por meio da compreensão e valorização da cultura afro-brasileira. – Compreender a sociedade brasileira a partir de elementos culturais, históricos, estéticos, artísticos, dentre outros. – Ressignificar valores e crenças acerca do continente africano.
Nível de ensino	Séries iniciais da Educação Básica
Materiais	Cópias do poema *Você, Brasil*, de Jorge Barbosa, e outros textos de autores africanos Mapas da África
Metodologia	• Eliciar dos(as) alunos(as) informações sobre suas opiniões sobre o Brasil, formadas a partir de notícias jornalísticas, imagens, etc. • Apresentar aos(às) alunos(as) o poema de Jorge Barbosa *Você, Brasil* Depois da leitura do texto, explorar o texto por meio das seguintes perguntas: • Com qual país o poeta compara o Brasil? • Qual o motivo para a palavra "você" sempre aparecer com letra maiúscula, bem como outras palavras no texto? • Por que o autor diz que o Brasil e seu país são parecidos? • Quais são as semelhanças entre os dois países? Quais são as diferenças? • O que vocês ouviram falar ou como vocês imaginam que seja a geografia do lugar (estender a perguntas a aspectos musicais, políticos, sociais, culturais, alimentares)? • Por que o autor fala da impossibilidade de conhecer o Brasil? • Apresentar outros poemas e contos de autores(as) africanos(as), para que os(as) alunos(as) procurem nos textos características que assemelhem ao Brasil. • A partir das respostas dos(as) alunos(as), trabalhar com a localização dos países africanos de língua portuguesa onde nasceram os(as) autores(as) estudados, enfatizando as informações que se destacam na literatura local. Os mapas podem ser usados para essa atividade. • Explorar conceitos de literatura negra, identidade étnico-racial e a consciência de ser negro, sempre explicitando esses conceitos por meio da compreensão do *eu enunciador* nas literaturas africanas e a importância desse aspecto na afirmação de não ser branco(a) e ser tão belo e merecedor de respeito quanto os(as) brancos(as) ou qualquer outro grupo étnico racial. • Explorar a construção de um mundo não branco, a ressignificação de valores e crenças preconceituosas em relação à negritude. O principal objetivo dessa abordagem é reconstruir uma história da África que foi traduzida por um olhar branco.
Avaliação	Realização de um sarau de poesias e contos africanos e afro-brasileiros, regado a comidas e bebidas típicas africanas que sejam semelhantes as produzidas no Brasil e apresentação de grupos culturais de matriz africana, música e decoração com temas africanos. A participação dos alunos e a organização do sarau são critérios da avaliação dos alunos.

ATIVIDADE 5: Explorando o ritmo dos tambores, do samba e o significado do seu nome
Autora: Maria do Carmo Santos
Centro Pedagógico da UFMG

ESTRUTURA	DESCRIÇÃO
Objetivos	– Criar espaços na escola para discussão das diferenças étnico-raciais que constituem a diversidade brasileira. – Reconstruir o imaginário sobre o negro e o índio a partir de suas representações positivas. – Trazer para a classe a questão identitária por meio da discussão sobre os significados dos nomes das crianças. – Integrar o trabalho com diferentes ciclos na escola.
Nível de ensino	1º, 2º e 3º ciclos do Ensino Fundamental.
Materiais	– Tambores e outros instrumentos musicais utilizados na música africana. – Sucata e outros materiais (panos, tinta, contas, etc.) que possam ser utilizados na confecção de instrumentos musicais. – Livros de literatura infantil afro-brasileira. – Cópia do filme *Kiriku e a Feiticeira* (distribuído pela Paulinas Multimídia) – Folhas de atividades. – Exemplares do livro *Cantando a história do samba*, de Elzelina Doris. – CDs com os sambas apresentados no livro *Contando a história do samba*. – Coletânea de textos literários de autores africanos.
Metodologia	**A. 1º ciclo (crianças de 6 a 8 anos)** No pátio da escola ou em outro local apropriado, os(as) alunos(as) podem *explorar o ritmo dos tambores*, por meio de brincadeiras e da participação de oficinas de confecção de instrumentos musicais, panos e bonecos de sucata. Na sala de aula ou na biblioteca, a(o) professora(o) pode organizar uma roda de leitura, na qual serão lidos livros e/ou textos da literatura infantil afro-brasileira. **B. 2º Ciclo (crianças de 9 a 11 anos)** Os alunos vão trabalhar o significado do próprio nome. A partir da assistência do filme *Kiriku e a Feiticeira*, a professora ou o professor conduz uma série de atividades, a fim de resgatar com as crianças suas origens, suas identidades, a história de suas famílias e heranças étnico-cultural. A folha de atividade pode conter as tabelas a seguir.

	Você	Seu pai	Sua mãe	Seu avô	Sua avó
Nome					
Quem escolheu?					
Principais características físicas • Cabelo • Pele • Olhos • Altura • Outros					

ESTRUTURA	DESCRIÇÃO

Tradições familiares	Quando?	Quem?	Por quê?	Com qual frequência?
Festas				
Costumes				
Religião				
Superstições				
Receitas da família				

Acontecimentos importantes do ano em que você nasceu

Fotos de família		
Quem?	Onde?	Fazendo o quê?

Metodologia

Os alunos poderão trabalhar com o livro *Cantando a História do Samba*, de Elzelina Doris.

C. 3º ciclo (12 a 14 anos)

No 3º ciclo, os(as) professores(as) de Português, Literatura, História e Geografia podem trabalhar colaborativamente com os(as) professores(as) de Geografia e História. Assim, os alunos terão uma experiência interdisciplinar, em que a literatura africana em suas dimensões históricas e regionais. Nas aulas de Português, os(as) alunos(as) iniciam seus trabalhos pesquisando os nomes e os principais escritores de alguns países da África. Nas aulas de Geografia, os(as) alunos(as) estudam as características geopolíticas de alguns países do continente africano. Nas aulas de História, os alunos desenvolverão atividades que lhes permitam compreender a participação dos africanos e seus descendentes na construção econômica social e cultural do Brasil. Caso não seja possível contar com professores(as) das três disciplinas sugeridas, os(as) alunos(as) poderão ser orientados somente pelo(a) professor(a) de Português.

O professor pode apresentar aos alunos uma diversidade de textos de autores africanos, tais como Jorge Barbosa (*Irmão, Poema do Mar*) e Esmeralda Ribeiro (*Olhar Negro*). Podem ser incluídos poemas, crônicas, textos narrativos e outros recursos que podem ser folheados pelos alunos, que escolherão os textos com os quais gostariam de trabalhar. O(A) professor(a) pode levantar com os alunos algumas possibilidades de trabalho com os textos, de forma que eles participem do planejamento das atividades. Em grupos, desenvolverão as atividades, objetivando apresentá-las para outros(as) alunos da escola. Nesse ciclo os(as) professores(as) também podem trabalhar com o projeto *Cantando a história do samba*, de Elzelina Doris.

Avaliação — Toda a produção dos alunos pode ser objeto de avaliação

ATIVIDADE 6: Explorando a Biblioteca
Autora: Maria das Graças Oliveira
Escola Municipal Gracy Viana Lage

ESTRUTURA	DESCRIÇÃO
Objetivos	– Sensibilizar os(as) alunos(as) para a existência da produção de literatura afro-brasileira. – Sensibilizar a escola para a necessidade de maior visibilidade para esse acervo.
Nível de ensino	3º ciclo
Materiais	Roteiros de atividades para as visitas a biblioteca.
Metodologia	Os(as) alunos(as) farão uma pesquisa no acervo da biblioteca para fazer um levantamento de obras e autores afro-brasileiros que constituem o acervo da escola. Terminado o levantamento, os(as) alunos(as) socializarão os resultados encontrados e refletirão sobre o processo: quais as dificuldades encontradas? Quais as estratégias utilizadas? Depois da pesquisa na biblioteca, o(a) professor(a) orientará os(as) alunos(as) na realização das seguintes atividades: • Elaboração de roteiros de estudos sobre obras específicas; • Organização de listas de referências bibliográficas; • Organização de coletâneas de textos de autores afro-brasileiros; • Organização de uma feira de livros.
Avaliação	Os produtos serão avaliados a partir de critérios especificados pelo professor.

ATIVIDADE 7: Literaturas Africanas de Língua Portuguesa
Autora: Eliane Márcia Jenuíno
Escola Municipal Hilda Rabello Matta

ESTRUTURA	DESCRIÇÃO
Objetivos	– Conscientizar os(as) alunos(as) sobre a existência de literaturas africanas em língua portuguesa. – Associar conhecimentos prévios sobre África e literatura a novos conhecimentos sobre literaturas africanas. – Trabalhar com textos de autores africanos em relação a aspectos históricos e geográficos da África..
Nível de ensino	3º ano do terceiro ciclo
Materiais	– Folhas de atividades. – Cópias dos textos sugeridos. – Mapas – Referências bibliográficas sobre o continente africano e os países de língua portuguesa Poemas Sugeridos: • *Irmão* – Jorge Barbosa • *Flagelados do Vento-Leste* – Ovídio Martins • *Antievasão* – Ovídio Martins • *Esperança* – Vasco Cabral (continua)

ESTRUTURA	DESCRIÇÃO
Materiais	• *Nós somos* – Helder Proença • *Prelúdio* – Marcelo da Veiga • *Aurora* – Carlos Almada • *Adeus à hora da largada* – Agostinho Neto • *Carta dum contratado* – António Jacinto • *Sangue negro* – Noémia de Sousa • *Karigana Ua Karigana* – José Craveirinha • *Grito Negro* – José Craveirinha • *Colheitas* – Paula Tavares • *Mamão* – Paula Tavares • *Receita para desfazer um país* – Mia Couto
Metodologia	O(A) professor(a) escreve no quadro o título da atividade: *Literaturas Africanas de Língua Portuguesa*. Esse será o mote para explorar as crenças dos alunos sobre a África e os países africanos de língua portuguesa. O(A) professor(a) pode aproveitar a oportunidade para enfatizar o uso do termo **literaturas** no plural. A folha de atividades poderá conter as seguintes perguntas: Sobre a existência de um universo literário africano em língua portuguesa, você ( ) se surpreende com a informação, pois sempre ouviu falar do continente africano em relação a sua situação econômica e manifestações musicais. ( ) não se surpreende, pois já tinha informações sobre a existência de um fazer literário próprio do continente e das peculiaridades de países africanos. Sobre a existência de literaturas africanas em língua portuguesa, você ( ) associa essas literaturas aos países que foram colonizados pelos portugueses, concluindo que em outros países colonizados existem literaturas expressas na língua do país colonizador. ( ) imagina que essas literaturas tenham sido traduzidas das línguas e dialetos existentes no continente africano. Que países africanos, das opções apresentadas abaixo, foram colonizados pelos portugueses? ( ) Gana, África do Sul, Namíbia, Senegal, Nigéria, Benin e Guiné ( ) Costa do Marfim, Sudão, Camarões, Argélia, Ruanda e Gabão. ( ) Angola, Cabo Verde, São Tomé e Príncipe, Guiné-Bissau e Moçambique. ( ) Togo, Quênia, Tanzânia, Etiópia, Costa do Marfim, Egito e Mali. Depois de explorar as crenças dos(as) alunos(as) relacionadas à influência da colonização portuguesa no continente africano, a professora, finalmente, poderá trabalhar com textos literários africanos. As atividades com os textos podem ser voltadas para a exploração das representações sobre a África, que podem ser construídas a partir do texto. Os textos também podem ser explorados com outras atividades típicas de leitura, tais como exploração do contexto da produção, pesquisas históricas a partir da leitura, formulação de hipóteses anteriores a leituras, produção de outros textos, etc.
Avaliação	

ATIVIDADE 8: Arte em Movimento: Um desafio nas Expressões Afro-Brasileiras
Autora: Ednéia Aparecida Dias
Escola Municipal Monteiro Lobato

ESTRUTURA	DESCRIÇÃO
Objetivos	– Promover um concurso artístico na escola. – Reconhecer e apreciar diversas formas de manifestações artísticas. – Promover oportunidades de produção de textos individual e colaborativamente.
Nível de ensino	**Ensino Fundamental e Ensino Médio**
Materiais	Todos os materiais que possam ajudar os alunos a preparar um número artístico, que será apresentado na escola, tais como coreografias, xilogravuras, pinturas desenhos de matriz africana, vídeos de dança, livros de literatura, enciclopédias, mapas, etc.
Metodologia	Em sala de aula, os(as) professores(as) trabalharão com textos de autores(as) africanos(as) e com materiais de ensino relacionados a diferentes possibilidades de expressão artística em determinado grupo cultural. Sugerimos o trabalho com o poema *Flor* de Eduardo White. Por meio do trabalho com esse poema, o professor pode estabelecer paralelos entre o futebol-arte brasileiro e as imagens que o poema nos inspira a criar. Também crônicas de Mia Couto, do livro *O país do queixa andar*, podem ser trabalhadas para introduzir aos alunos as reflexões sobre manifestações artísticas de matriz africana (tanto no Brasil quanto em países da África). Os(As) alunos(as) se organizam em grupos para desenvolver diferentes atividades relacionadas com a Arte. A escola organizará um concurso premiando os trabalhos nas seguintes categorias (para cada categoria, a comissão organizadora deve definir os critérios de avaliação): • Dança; • Literatura; • Música; • Artes visuais (fotografia, pintura, desenho, gravura, grafite, etc.); • Teatro; • Artesanato.
Avaliação	Diferentes atividades podem constituir a avaliação da aprendizagem dos(as) alunos(as), de acordo com o plano de trabalho do(a) professor(a).

LITERATURAS AFRICANAS E AFRO-BRASILEIRA NA PRÁTICA PEDAGÓGICA

Outras sugestões de atividades

AUTOR(A)	DESCRIÇÃO DA ATIVIDADE
Ana Cláudia Alexandre Teixeira E. M. Tenente Manoel Magalhães Penido	Sugere o trabalho com dois textos para discussão do conteúdo: *O rap da felicidade* (MC Cidinho e MC Doca) e o poema *Flagelados do Vento Leste* (Ovídio Martins).
Ana Carolina Timo Alves Escola Estadual Pandiá Calógeras	Sugere que os poemas trabalhados na aula de Português sejam reescritos pelos alunos. O trabalho com poemas pode também ser o primeiro passo para a produção de outros tipos de textos. Além dos poemas citados por outros(as) professores(as), Ana Carolina sugere trabalhar com os seguintes textos: *Antievasão* (Ovídio Martins), *Negro de todo o mundo* (Francisco José Terneiro), *Deixa passar o meu povo* (Noémia de Souza).
Genícia Martins de Matos Equipe de Educação Infantil GERED/ Venda Nova	Sugere a formação de professores(as) da educação infantil para que esses possam agir a favor da promoção de ambientes escolares sem preconceitos. A literatura africana e seu estudo seriam temas de debates e atividades que culminariam na criação de uma proposta de trabalhos adequadas aos contextos dos(as) professores(as) participantes.
Grace Ananias Nascimento E. M. Rosalina Alves Nogueira	Sua sugestão é a de trabalhar com o filme *Vista a minha pele*. Os(as) alunos(as) assistem ao filme e fazem atividades problematizando as questões raciais que o filme apresenta. Os(as) alunos(as) podem produzir ilustrações sobre os temas trabalhados no filme.
Iara Rosa de Oliveira Gestão da Educação Infantil – SMED – BH	Sugere uma série de estudos para além do estudo da Literatura. Esses estudos incluem pesquisa sobre as conquistas tecnológicas e científicas do povo africano através dos tempos; análise de correspondências escritas no passado e no presente; estudo de teorias genéticas e suas influências sobre práticas racistas; estabelecimento de comparações entre Grécia Clássica e Egito Antigo; estudos de movimentos de resistência negra no Brasil; discussão sobre a miscigenação do povo brasileiro.
Leda de Andrade e Silva Escola Municipal Mário de Oliveira	Sugere trabalhar com a história do Bumba meu boi e analisar as relações sociais e familiares presentes no conto. Sugere também trabalhar com livros da biblioteca da escola que trabalhem com a temática racial, por meio rodas de conversa, saraus, pesquisas e debates. Leda propõe que aos(as) alunos(as) seja explicado o que são *griots*, exposições na comemoração do Dia Nacional da Consciência Negra. As produções dos(as) alunos(as) podem ser exibidas nas escolas no dia 20 de novembro.

AUTOR(A)	DESCRIÇÃO DA ATIVIDADE
Lucineide Nunes Soares Escola Municipal Santa Terezinha	Sugere a promoção do respeito e solidariedade entre alunos(as) de diferentes pertencimentos étnico-racial e a ênfase na construção da autoestima de alunos negros. Para tanto, são sugeridas atividades tais como rodas de conversa que problematizem o pertencimento étnico-racial das crianças e suas famílias e sobre o continente africano.
Luzia de Campos Casas Escola Municipal Monteiro Lobato Escola Municipal Wladimir de Paula Gomes	Propõe um trabalho sobre problemas ambientais e os recursos naturais do continente africano. São aspectos que podem ser estudados: (a) em Geografia – a questão da insularidade, os flagelos do vento-leste, as guerrilhas internas, e das consequências da colonização e independência dos países africanos; (b) em História: história dos países africanos de língua portuguesa, as lutas pela independência, os costumes e as culturas de diferentes etnias africanas e a questão da ancestralidade; (c) em Literatura: destacar a visão que escritores(as) africanos têm de seus colonizadores.
Maria Edith Martins Rodrigues Escola Municipal Antônio Gomes Horta	Sugere a leitura, o estudo e a encenação de textos. Ela sugere trabalhar com os livros da coleção *Bichos da África*, de Rogério Andrade Barbosa, *Histórias da preta*, de Heloísa Pires, *Gosto de África*, de Joel Rufino dos Santos, *A cor da vida* de Semíramis Paterno, *O Menino Nito*, de Souza Rosa e discografia *Sol Negro*.
Mayrce Terezinha da Silva Freitas Gestão da Educação Infantil – SMED – BH	Sugere que antes do início das atividades com Literatura, seja feita uma avaliação diagnóstica para levantamento do conhecimento prévio dos alunos
Selma Resende Rodrigues Escola Municipal José de Calasans	Propõe um trabalho de pesquisa no site <www.acordacultura.org.br>, no laboratório de informática da escola. Nesse *site*, o(a) professor(a) poderá encontrar diversos livros animados, tais como *A botija de ouro*; *Ifá, o Adivinho*; *Ana e Ana*, dentre outros. Os(as) alunos(as) poderão ler as histórias e jogar os jogos do *site*.

Interagindo com textos literários africanos e afro-brasileiros

Iris Maria da Costa Amâncio

Os jovens [...] não terão que trilhar caminhos já pisados, terão que prosseguir na consecução de um fim, o qual é o da valorização das nossas culturas, ajudados como hoje podemos ser pelos muitos meios técnicos que resultam do contato com a Europa.

Agostinho Neto,
Lisboa, Casa dos Estudantes do Império,
18 de novembro de 1959

Estória da galinha e do ovo

"[...] A Cabíri estava tapada pelo cesto grande mas lhe deixava as pessoas ali juntas a falar, os olhos pequenos, redondos e quietos, o bico já fechado. Perto dela, em cima de capim posto de propósito, um bonito ovo brilhava parecia ainda estava quente, metia raiva em nga Zefa. A discussão não parava mais. As vizinhas tinham separado as lutadoras e, agora, no meio da roda das pessoas que Xico e Beto, teimosos e curiosos, queriam furar, discutiam os casos.

Nga Zefa, as mãos na cintura, estendia o corpo magro, cheio de ossos, os olhos brilhavam assanhados para falar:

– Você pensa eu não te conheço, Bina? Pensas? Com essa cara assim, pareces és uma sonsa, mas a gente sabe!... Ladrona é o que você é!

A vizinha, nova e gorda, esfregava a mão larga na barriga inchada, a cara abria num sorriso, dizia, calma, nas outras:

– Ai, vejam só! Está-me disparatar ainda! Vieste na minha casa, entraste no meu quintal, quiseste pelejar mesmo! Sukuama! Não tens respeito, então, assim com a barriga, nada?!

– Não vem com essas partes, Bina! Escusas! Querias me roubar a Cabíri e o ovo dela!

– Ih?! Te roubar a Cabíri e o ovo!? Ovo é meu!

Zefa saltou na frente, espetou-lhe o dedo na cara:

– Ovo teu, tuji! A minha galinha é que lhe pôs!

– Pois é, mas pôs-lhe no meu quintal!

Passou um murmúrio de aprovação e desaprovação das vizinhas, toda a gente falou no mesmo tempo, só velha Bebeca adiantou puxar Zefa no braço, falou sua sabedoria:

– Calma então! A cabeça fala, o coração ouve! Praquê então, se insultar assim? Todas que estão falar no mesmo tempo, ninguém que percebe mesmo. Fala cada qual, a gente vê quem tem a razão dela. Somos pessoas, sukua', não somos bichos!

Uma aprovação baixinho reforçou as palavras de vavó e toda a gente ficou esperar. Nga Zefa sentiu a zanga estava-lhe fugir, via a cara das amigas à espera, a barriga salientava-lhe fugir, via a cara das amigas à espera, a barriga saliente de Bina e, para ganhar coragem, chamou o filho:

– Beto, vem ainda!

Depois, desculpando, virou outra vez nas pessoas e falou, atra-palhada:

– É que o monandengue viu...

Devagar, parecia tinha receio das palavras, a mulher de Miguel João falou que muito tempo já estava ver a galinha entrar todos os dias no quintal da outra, já sabia essa confusão ia passar, via bem a vizinha a dar comida na Cabíri para lhe cambular. E, nesse dia – o mona viu mesmo e Xico também – essa ladrona tinha agarrado a galinha com a mania de dar-lhe milho, pôs-lhe debaixo do cesto para adiantar receber o ovo. A Cabíri era dela, toda a gente sabia e até Bina não negava, o ovo quem lhe pôs foi a Cabíri. Portanto o ovo era dela também.

Umas vizinhas, abanaram a cabeça que sim, outras que não, uma menina começou ainda a falar no Beto e no Xico, a pôr perguntas, mas vavó mandou-lhes calar a boca.

– Fala então tua conversa, Bina! – disse a velha na rapariga grávida.

– Sukuama! O que é eu preciso dizer mais, vavó? Toda a gente já ouviu mesmo a verdade,. Galinha é de Zefa, não lhe quero. Mas então a galinha dela vem no meu quintal, come meu milho, debica minhas mandioqueiras, dorme na minha sombra, depois põe o ovo aí e o ovo é dela? Sukua'! O ovo foi o meu milho que lhe fez, pópilas! Se não era eu dar mesmo a comida, a pobre nem que tinha força de cantar... Agora ovo é meu, ovo é meu! No olho!...

Virou-lhe o mataco, pôs uma chapada e com o indicador puxou depois a pálpebra do olho esquerdo, rindo, malandra, para a vizinha que já estava outra vez no meio da roda para mostrar a galinha assustada atrás das grades do cesto velho.

– Vejam só! A galinha é minha, a ladrona mesmo é que disse. Capim está ali. Apalpem-lhe! Apalpem-lhe! Está mesmo quente ainda! E está dizer o ovo é dela! Makutu! Galinha é minha, ovo é meu!

Novamente pessoas falaram cada qual sua opinião, fazendo um pequeno barulho que se mistura no xaxualhar das mandioqueiras e fazia Cabíri, cada vez mais assustada, levantar e baixar a cabeça, rodando-lhe, aos saltos, na esquerda e na direita, querendo perceber, mirando as mulheres. Mas ninguém que lhe ligava. Ficou, então, olhar Beto e Xico, meninos amigos de todos os bichos e conhecedores das vozes e verdades deles. Estavam olhar o cesto e pensavam a pobre queria sair, passear embora e ninguém que lhe soltava mais, com a confusão. Nga Bina, agora com voz e olhos de meter pena, lamentava:

– Pois é, minhas amigas! Eu é que sou a sonsa! E ela estava ver todos os dias eu dava milho na galinha, dava massambala, nada que ela falava, deixava só, nem obrigado... Isso não conta? Pois é! Querias!? A galinha gorada com o meu milho e o ovo você é que comia?!...

Vavó interrompeu-lhe, virou nas outras mulheres – só mulheres e monas é que tinha, nessa hora os homens estavam no serviço deles, só mesmo os vadios e os chulos estavam dormir nas cubatas – e falou:

– Mas então, Bina, você queria mesmo a galinha ia te pôr um ovo?

A rapariga sorriu, olhou a dona da galinha, viu as caras, umas amigas outras caladas com os pensamentos, e desculpou;

– Pópilas! Muitas de vocês que tiveram vossas barrigas já. Vavó sabe mesmo, quando chega essa vontade de comer uma coisa, nada que a gente pode fazer. O mona na barriga anda reclamar ovo. Que é eu podia fazer, me digam só?!

– Mas o ovo não é teu! A galinha é minha, ovo é meu! Pedias! Se eu quero dou, se eu quero não dou!

Nga Zefa estava outra vez raivosa. Essas vozes mansas e quietas de Bina falando os casos do mona na barriga, desejos de gravidez, estavam atacar o coração das pessoas, sentia se ela ia continuar falar com aqueles olhos de sonsa, a mão a esfregar sempre a barriga redonda debaixo do vestido, derrotava-lhe, as pessoas iam mesmo ter pena, desculpar essa fome de ovo que ela não tinha culpa... Virou-se para vavó, a velha chupava sua cigarrilha dentro da boca, soprava fumo e cuspia.

– Então, vavó?! Fala então, a senhora é que é nossa mais-velha...

– **O Autor:** José Luandino Vieira (Angola)

– **Sugestões de abordagens pedagógicas:** tradição oral angolana; oralidade e escrita; musseques angolanos; literatura e sociedade

– **Referência:** VIEIRA, José Luandino. *Luanda*: estórias. São Paulo: Companhia das Letras, 2006.

Os flagelados do Vento Leste

Agosto chegou ao fim. Setembro entrou feio, seco de águas; o sol peneirando chispas num céu cor de cinza; a luminosidade tão intensa que trespassava as montanhas, descoloria-as, fundia-as na atmosfera espessa e vibrante. Os homens espiavam, de cabeça erguida, interrogavam-se em silêncio. Com ansiedade jogavam os seus pensamentos, como pedras das fundas, para o alto. Nem um fiapo de nuvem pairava nos espaços. Não se enxergava um único sinal, desses indícios que os velhos sabem ver apontando o dedo indicador, o braço estendido para o céu, e se revelam aos homens como palavras escritas.

A canícula passeava os campos pelados. Aragem preguiçosa descia, de raro a raro, em curtos vagabundeios, dos cimos da serrania, redemoinhava à roda das casas e dos arbustos esguedelhados, roçava a poeira vermelha do chão puído que flutuava aquecida pelos raios do Sol, impregnando a atmosfera de um odor a colorau ardido. Por toda a extensão do Norte – essa vasta faixa ondulante de terrenos férteis de sequeiros chamada "o celeiro de Santo Antão", e que se estende por quase toda vertente noroeste da Ilha – pairava um tenso silêncio de receosa expectativa.

Como que por pudor, de transmitirem uns aos outros as apreensões que lhes iam na alma, ou envergonhados de sua situação, os homens começavam a isolar-se, a selar a boca, a evitar-se. Cada um tirava as próprias conclusões sobre a razão por que as coisas eram assim e não de outra maneira...

Á medida que o Sol se movia no espaço, desde que apontava por cima das montanhas até desaparecer na linha longínqua do mar, e a sombra girava de cunhal[1] a cunhal, as famílias iam mudando os mochos à roda das suas casas. Os meninos vinham sentar-se no chão aos pés dos pais; as galinhas, de asas pendentes, bicos abertos, ofegantes, vinham, também, arrastando papo, para junto do pessoal; os corvos refugiavam-se nas fendas dos penhascos. Nem os homens, nem as mulheres, nem os meninos, nem os bichos se afastavam da sombra da morada. O silêncio pesava. As vozes calavam-se. A conversa já não interessava.

Pelo desamparinho da tarde, os homens vinham postar-se junto da paredinha do terreiro, em frente da porta. Com a expressão fechada, o canhoto apagado no canto da boca, contemplavam os campos que se estendiam, nus, a perder da vista. Havia ansiedade nos seus olhos, mas também dureza e persistência. E havia esperança e coragem e medo. A esperança nas águas e o temor da estiagem faziam parte de um hábito secular transmitido de geração a geração. Todos os anos era assim: a esperança descia em socorro daqueles que tinham o medo na alma; por isso era ela a última luz a consumir-se. Sim, a chuva chegaria um dia. Esperavam por ela como se espera pela sorte, no jogo. Se não viesse, a alternativa seria apertar o cinto, meter a coragem no coração para a luta, como qualquer homem pode fazer quando cai o meio da borrasca. Já estavam habituados. Vinha de trás, de longe, esta luta. Esperavam sempre: até o último momento. Até mesmo para lá

---

[1] O autor faz a propaganda do *Fundo de Emancipação*, no afã de ver ampliadas as adesões à coleta de recursos para a compra da liberdade dos escravizados. Defendia uma solução pacífica para o problema, provavelmente por não desejar para o Brasil um desfecho traumático como o da guerra civil norte-americana.

do último momento. Mesmo aqueles que não sabiam esperar, e não acreditavam nas previsões dos homens, mesmo esses, não se atreviam a apagar, depressa, aquela luzinha; só no último minuto desesperavam, porque alguma coisa pode acontecer quando já ninguém pensa nela. A chuva era um símbolo de fé.

> – **Autor:** Manuel Lopes (Cabo Verde)
>
> – **Sugestões de abordagens pedagógicas:** cabo-verdianidade; vida em Cabo Verde; insularidade; geografia/climatologia e sociedade; trânsito do sujeito cabo-verdiano
>
> – **Referência:** LOPES, Manuel. *Os flagelados do vento leste*. São Paulo: Ática, 1979.

A estrada morta

"Naquele lugar, a guerra tinha morto a estrada. Pelos caminhos só as hienas se arrastavam, focinhando entre cinzas e poeiras. A paisagem se mestiçara de tristezas nunca vistas, em cores que se pegavam à boca. Eram cores sujas, tão sujas que tinham perdido toda a leveza, esquecidas da ousadia de levantar asas pelo azul. Aqui, o céu se tornara impossível. E os viventes se acostumaram ao chão, em resignada aprendizagem da morte.

A estrada que agora se abre a nossos olhos não se entrecruza com outra nenhuma. Está mais deitada que os séculos, suportando sozinha toda a distância. Pelas bermas apodrecem carros incendiados, restos de pilhagens. Na savana em volta, apenas os embondeiros contemplam o mundo a desflorir.

Um velho e um miúdo vão seguindo pela estrada. Andam bambolentos como se caminhar fosse seu único serviço desde que nasceram. Vão para lá de nenhuma parte, dando o vindo por não ido, à espera do adiante. Fogem da guerra, dessa guerra que contaminara toda sua terra. Vão na ilusão de, mais além, haver um refúgio tranquilo. Avançam descalços, suas vestes têm a mesa cor do caminho. O velho se chama Tuahir. É magro, parece ter perdido toda a substância. O jovem se chama Muidinga. Caminha à frente desde que saíra do campo de refugiados. Se nota nele um leve coxear, uma perna demorando mais que o passo. Vestígio da doença que, ainda há pouco, o arrastara quase até à morte. Quem o recolhera fora o velho Tuahir, quando todos os outros o haviam abandonado. O menino já estava sem estado, os ranhos lhe saíam não do nariz mas de toda a cabeça. O velho teve de lhe ensinar todos os inícios: andar, falar, pensar. Muidinga se meninou outra vez. Esta segunda infância, porém, fora apressada pelos ditados da sobrevivência. Quando iniciara a viagem já ele se acostumara de cantar, dando vaga a distraídas brincriações. No convívio com a solidão, porém, o canto acabou por migrar de si. Os dois caminheiros condiziam com a estrada, murchos e desesperançados.

Muidinga e Tuahir param agora frente a um autocarro queimado. Discutem, discordando-se. O jovem lança o saco no chão, acordando poeira. O velho ralha.

– Estou-lhe a dizer, miúdo: vamos instalar casa aqui mesmo.

– Mas aqui? Num machimbombo todo incendiado?

– Você não sabe nada, miúdo. O que já está queimado, não volta a arder.

– **Autor:** Mia Couto (Moçambique)

– **Sugestões de abordagens pedagógicas:** oralidade e escrita; guerra em Moçambique; sabedoria do mais velho; tradição oral moçambicana

– **Referência:** COUTO, Mia. *Terra sonâmbula*. São Paulo: Companhia das Letras, 2007.

Vou lá visitar pastores

Hei-de mostrar-te depois um mapa dos terrenos que vais explorar. Corresponde a uma vista aérea que abrangeria todo o território Kuvale. Desenhei-o assim porque foi essa a imagem que colhi um dia, ou retive, a voar a baixa altitude do Namibe para Luanda. Vinha distraído e quando espreitei pela janela do pequeno avião já se alcançava a Serra da Neve, a muhunda do Wambo. Olhei primeiro para a distância onde se recortava a serra da Chela com os promontórios que tem da Bibala ao Bruco, e ao Hoke cá de baixo e, já meio confundido com a bruma, o do Cahinde, e daí depois, sempre a rodar para a direita e para trás até ver Moçâmedes e adivinhar o Kuroka e porto Alexandre à retaguarda. Tinha aberto, à frente e exposto, o teatro da minha aplicação. Fui reconhecendo, do ar, debruçado sobre o painel e a paisagem, os lugares onde acampei, desde lá longe, no Maihawa, no Virei, na Muhunda e no Cândi, mais longe ainda, Pediva e Yona, até mesmo ali por debaixo de mim, na posição em que agora estava, a Mahandya e o Xingo, a norte da zona. Abrangia assim, numa panorâmica, os núcleos de concentração Kuvale e das suas periferias, zonas de transição com territórios tyilengue, mwila, gambwe, himba, urbano. A Namíbia a sul e à volta a Angola restante. O sentido da colocação geográfica, pois, para fazer sentido.

- **Autor:** Ruy Duarte de Carvalho (Angola)
- **Sugestões de abordagens pedagógicas:** tradição oral angolana; grupos étnicos angolanos; história e geografia de Angola
- **Referência:** CARVALHO, Ruy Duarte. *Vou lá visitar pastores*: exploração epistolar de um percurso angolano em território kuvale (1992-1997). Rio de janeiro: Gryphus, 2000.

A última tragédia

– Sinhora, quer criado?

Ela repetia esta frase já não sabia quantas vezes naquele dia. Uma pergunta imbuída de esperança, que colocara em muitas casas e a diversas pessoas. Até parecia que a origem das pessoas que a atendiam era determinada pela altura do sol: no início, quando o sol se encontrava lá embaixo, ainda mansinho, ela fora atendida quase sempre por jovens brancos, provavelmente filhos das senhoras brancas a quem ela de facto queria dirigir a fala.; depois o sol subira, tornando-se bravo, agitando as pessoas e as coisas, e então, durante todo aquele período, só fora atendida por gente que certamente não habitava naquelas casas, uns empregados domésticos que apesar de serem, nas quase totalidade dos casos, na sua raça, nem por isso se dignavam ouvi-la, deixá-la explicar direito as suas pretensões; enfim, o sol se acalmara de novo, o suor deixara de correr por todo corpo e eis que finalmente ela localiza uma interlocutora condigna, uma senhora branca que habitava uma casa grande, que até parecia estar à sua espera.

– Sinhora, quer criado?

Esta era uma das frases da língua dos brancos que aprendera quando decidira ir para Bissau arranjar trabalho, trabalho de criada, numa casa qualquer de brancos. A ideia nascera para ela num dia que para ela se tornara inesquecível, depois de um longo djumbai com uma das madrastas. Essa madrasta, a mais nova das quatro mulheres de seu pai, exercera a profissão durante alguns anos em Bissau. Trabalhara para uma senhora branca, mulher de um comerciante branco muito rico, que tinha lojas em Bissau, Nova Lamego, Teixeira Pinto, Aldeia Formosa e muitos outros locais. Ela falara da vida dos brancos, dos seus hábitos, do bem estar, do conforto..."Quem me dera ter metade do que eles têm" tinha ela dito um dia, antes de lhe confessar, com amargura na voz e no rosto, o que imaginava ser uma profunda convicção sua: " é um mundo muito diferente disto!"

– **Autor:** Abdulai Sila (Guiné-Bissau)

– **Sugestões de abordagens pedagógicas:** oralidade e escrita; guerra na Guiné-Bissau; gênero; literatura e sociedade

– **Referência:** SILA, Abdulai. *A última tragédia.* Rio de Janeiro: Pallas, 2006.

Niketche

Do alto do céu desliza um punhal invisível contra o meu peito. Ganho a mudez das pedras, estou aterrada. Consigo apenas a suspirar: ah, Betinho, meu caçulinha! Aquele carro é de homem rico. O que será de mim?

Entro num delírio silencioso, profundo. Rajadas de ansiedade varrem-me os nervos como lâminas de vento. Este acidente enche-me de dor e de saudade. Meu Tony, onde andas tu? Por que me deixas só a resolver os problemas de cada dia como mulher e como homem, quando tu andas por aí?

Há momentos na vida em que uma mulher se sente mais solta e desprotegida como um grão de poeira. Onde andas, meu Tony, que não te vejo nunca? Onde andas, meu marido, para me protegeres, onde? Sou uma mulher de bem, uma mulher casada. Uma revolta interior envenena todos os caminhos. Sinto vertigens. Muito fiel na boca. Náuseas. Revolta. Impotência e desespero.

O Betinho vem correndo como uma bala, escondendo-se no quarto e aguarda o castigo. Persigo-o. Já tenho o fim de semana estragado, o meu domingo foi invadido pela desgraça. Preciso vomitar este fel. Preciso de ralhar para afastar esta dor. Preciso de castigar alguém para sentir que vivo.

– Betinho!

Não consigo gritar. No rosto do Betinho, as lágrimas brilham como luar. A tristeza de Betinho é a inocência a transbordar. O choro do Betinho é tão doce como um passarinho a piar. O seu tremor abana o corpo todo como um arbusto baloiçando as flores na leveza do vento. Sinto um cheiro de urina.

– Betinho, um homem não se mija de medo.

– Foi a manga mãe.

– Manga?

– Sim, aquela madura, lá no alto.

Levantando os olhos para a mangueira. A manga baloiça serena na brisa. É uma manga apetecível, sim senhor. Redonda. Jovem. E o Betinho queria interromper-lhe o voo na flor da vida, muito verde, ainda.

– Ah, Betinho, o que fazes de mim?

– Castiga-me mãe.

A voz do Betinho baloiça nos meus ouvidos como o sibilar doce dos pinheiros e dilui a minha raiva em piedade. Lindo filho, este meu. No lugar de perdão pede um castigo. Homem justo tenho eu aqui. Fico enternecida. Encantada. A zanga se desfaz. Sinto orgulho de mãe.

Da janela do quarto, oiço comentários na rua. As palavras que escuto lançam-me no desespero. Sinto as línguas de fogo caindo no interior dos meus ossos Eu fervo. Os meus olhos ficam húmidos de lágrimas. Se meu Tony estivesse por perto, repreenderia o filho como pai e como homem. Se ele estivesse aqui, agora resolveria o problema do vidro quebrado com o proprietário do carro, homem com homem se entendem, ah, se o Tony estivesse por perto!

Mas onde anda o meu Tony que não vejo desde sexta-feira? Onde anda esse homem que deixa os filhos e a casa e não dá um sinal de vida? Um marido em casa é segurança, é protecção. Na presença de um marido, os ladrões se afastam. Os homens respeitam. As vizinhas não entram de qualquer maneira para pedir sal, açúcar, muito menos para cortar a casaca da outra vizinha. Na presença de um marido, um lar é mais lar, tem conforto e prestígio.

Deixo o Betinho e vou à rua. O proprietário do carro está bravo como uma fera. Esperava que ele esganasse, mas nem pirou. É daqueles que falam fino e não agridem as mulheres. Aproximo-me e peço perdão em nome do meu filho. Digo-lhe que o meu marido, o Dr. Tony, comandante da polícia, irá resolver o problema. Ele diz que sim, mas sinto que não acredita em mim. Qual é o homem de bem que acredita nas palavras de uma mulher desesperada.

– **Autora:** Paulina Chiziane (Moçambique)

– **Sugestões de abordagens pedagógicas:** tradição oral moçambicana; gênero; oralidade e escrita; literatura e sociedade

– **Referência:** CHIZIANE, Paulina. *Niketche*: uma história de poligamia. São Paulo: Companhia das Letras, 2004.

A estória, a bem dizer

A narração daquela estória que prometi contar-te, a do suicídio de um Inglês no interior mais fundo de Angola e nesta África concreta de que tu, e todo o mundo, tão pouco realizam no exacto fim deste século XX fora de um imaginário nutrido e viciado por testemunhos e especulações que afinal se ocupam mais do passado europeu que do africano – e pelas versões mediatizadas, e de plena má-fé, às vezes, da aberração do presente -, poderia, a ser levada avante, começar aqui e agora. Naquelas pedras onde arde o fogo que ateamos ontem para manter aceso durante os dias todos que vão seguir-se, contei uma noite, num junho ou num julho de um ano atrasado, essa estória que até hoje me anda a trabalhar a cabeça, desde que esbarrei com ela num livrinho da autoria dessa fascinante personagem da nossa história comum, o muito activo e irriquieto capitão Henrique Galvão, do exército português, na reserva, figura de grande protagonismo na cena angolana quando a colônia bate o seu pleno, e que acabará por rematar a sua agitada carreira política, em janeiro de 1961, ao inaugurar, acompanhado por um morto e três feridos), a prática moderna da pirataria política com o assalto e desvio do paquete Sta. Maria, da carreira para o Brasil da Companhia Colonial de navegação. Juntos comigo, a esquecer-se ao fogo, estavam o Paulino e o David, o que é habitual quando as noite são frias, como essa era, e o B e o Pico, meus informantes desde o início das deambulações etnográficas que faço por estes lados. Partilhavam connosco, antes de ir dormir nas casas das famílias, a garrafa de aguardente que eu tinha mandado abrir depois de um dia de conversa intensa. Andava, nessa altura, a inquirir com fúria, a aproveitar a condição de astuto soba e perfeito falante de português que é a do B, e a de terapeuta e sibilino e perspicaz perscrutador das ligações e das questões entre as famílias desse notável marginal temido que o Pico é.

- **Autor:** Ruy Duarte de Carvalho (Angola)
- **Sugestões de abordagens pedagógicas:** oralidade e escrita; período colonial; colonização portuguesa, política e sociedade angolana
- **Referência:** CARVALHO, Ruy Duarte de. *Os papéis do inglês*. São Paulo: Companhia das Letras, 2007.

O vendedor de passados

Estava à espera daquilo. Se conseguisse falar teria sido rude. O meu aparelho vocal, porém, apenas me permite rir. Assim, tentei atirar lhe à cara uma gargalhada feroz, algum som capaz de o assustar, de o afastar dali, mas consegui apenas um frouxo gargarejo. Até à semana passada o albino sempre me ignorou. Desde essa altura, depois de me ter ouvido rir, chega mais cedo. Vai à cozinha, retorna com um copo de sumo de papaia, senta se no sofá, e partilha comigo a festa do poente. Conversamos. Ou melhor, ele fala, e eu escuto. Às vezes rio me e isso basta lhe. Já nos liga, suspeito, um fio de amizade. Nas noites de sábado, não em todas, o albino chega com uma rapariga pela mão. São moças esguias, altas e elásticas, de finas pernas de garça. Algumas entram a medo, sentam se na extremidade das cadeiras, evitando encará lo, incapazes de disfarçar a repulsa. Bebem um refrigerante, gole a gole, e a seguir despem se em silêncio, esperam no estendidas de costas, os braços cruzados sobre os seios. Outras, mais afoitas, aventuram se sozinhas pela casa, avaliando o brilho das pratas, a nobreza dos móveis, mas depressa regressam à sala, assustadas com as pilhas de livros nos quartos e nos corredores, e sobretudo com o olhar severo dos cavalheiros de chapéu alto e monóculo, o olhar trocista das bessanganas de Luanda e de Benguela, o olhar pasmado dos oficiais da marinha portuguesa nos seus uniformes de gala, o olhar alucinado de um príncipe congolês do século XIX, o olhar desafiador de um famoso escritor negro norte americano, todos posando para a eternidade entre molduras douradas. Procuram nas estantes algum disco, – Não tens cuduro, tio?, e como o albino não tem cuduro, não tem quizomba, não tem nem a Banda Maravilha nem o Paulo Flores, os grandes sucessos do momento, acabam por escolher os de capa mais garrida, invariavelmente ritmos cubanos. Dançam, bordando curtos passos no soalho de madeira, enquanto soltam um a um os botões da camisa. A pele perfeita, muito negra, húmida e luminosa, contrasta com a do albino, seca e áspera, cor de rosa. Eu vejo tudo. Dentro desta casa sou como um pequeno deus nocturno. Durante o dia, durmo.

– **Autor:** José Eduardo Agualusa

– **Sugestões de abordagens pedagógicas:** literatura e sociedade; tradição oral angolana; oralidade e escrita; vida urbana em Angola

– **Referência:** AGUALUSA, José Eduardo. *O vendedor de passados.* Rio de Janeiro: Gryphus, 2004.

Bom dia, camaradas

Depois do almoço fui deitar-me naquela cadeira verde, comprida, lá no quintal. Estava a ventar um bocado, o que era bom, porque assim eu podia adormecer rápido, com o barulho das folhas do abacateiro a chocalharem.

Nos dias em que o céu não estava tão escuro, eu gostava de imitar as lesmas do meu jardim, e deitar-me ali mesmo ao sol. Lá na cozinha, o camarada António fazia barulho com os pratos e com os copos, ele sempre demorava muito tempo a lavar a loiça. Esse barulho é que acostumava me adormecer. "Menino, acorda então...Faz mal ficar com a cabeça ao sol... Depois a mãe vai ralhar o menino...", ele gostava de dizer. "mas já passou quanto tempo, António?... Ainda nem adormeci um bocadinho...", eu queria refilar. "Ê menino!, passou mais de vinte minuto..."

Acordei com os pingos da chuva a me bombardearem as pernas e as bochechas. De repente, começou a cair uma carga d'água daquelas valentes. Fui pra baixo do telheiro e fiquei a ver a água cair. Lembrei-me imediatamente do Murtala: na casa dele, quando chove, só podem dormir sete de cada vez, os outros cinco esperam todos encostados na parede onde há um tectozinho que lhes protege. Depois é vez dos outros dormirem, assim mesmo, juro, sete de cada vez. Sempre que chove de noite, o Murtala, no dia seguinte, dorme nos três primeiros tempos.

Ao ver aquela tanta água, lembrei-me das redacções que fazíamos sobre a chuva, o solo, a importância da água. Uma camarada professora que tinha a mania que era poeta dizia que a água é que traz todo aquele cheiro que a terra cheira depois de chover, a água é que faz crescer novas coisas na terra, embora também alimente as raízes dela, a água faz "eclodir um novo ciclo", enfim, ela queria dizer que a água faz o chão dar folhas novas. Então pensei: "Epá... E se chovesse aqui em Angola toda...?" Depois sorri. Sorri só.

– **Autor:** Ondjaki (Angola)

– **Sugestões de abordagens pedagógicas:** memória; oralidade e escrita; literatura e sociedade; cotidiano luandense

– **Referência:** ONDJAKI. *Bom dia camaradas*. Rio de Janeiro: Agir, 2006.

No fundo do canto

ENTÃO, O CANTOR DA ALMA JUNTOU A SUA VOZ AO DO TCHINTCHOR[2]

Os meus filhos
os filhos dos meus filhos
hão-de perguntar um dia
porque tudo isto
porque a terra se fechou
olhando o próprio umbigo

---

[2] Tchinchor: pássaro que anuncia a chuva (a boa nova)

Nada omitirei
nem uma sílaba
Não esconderei a verdade
Responderei
aos meninos da minha terra
cantando a história dos bichos

Que a centopeia
não tem dois pés
mas cem pés
veneno em cada um
Está em toda a parte
tão igual ao homem

A sanguessuga
duas bocas
uma que suga
e outra que sopra
para amainar a dor
e sugar melhor

Contarei às crianças da minha terra
que as centopeias são engenhosas
irmanam com a terra e com a lama
As sanguessugas mais astuciosas
tudo sugam?

Não esconderei aos meninos
da minha terra
o segredo das cores do camaleão
animal ligeiro
e matreiro
que astutamente caminha
tomando as cores
e os propósitos da ocasião

Não mudarei de assunto
enquanto não saciar a sede
dos meninos da minha terra

Vou contar-lhes
a história do Matutino
sempre que lhe dava jeito
virava Vespertino

Os meninos terão notícias
do Viviano Presentino
neto de nhu Prudêncio
e nhara Conveniência

Hei-de cantar às crianças
a versão inventada
de kumandja-kumandja
de ndulé-ndulé
em passos de nhenku-nhenku

Entre o contar e o cantar
sem perder fio
e de cor e salteado
vou contar aos meninos da minha terra
a história do carneiro
com a sua lã nasceu
e com ela pereceu
a história do limão
azedo veio ao mundo
e assim morreu

Vou contar aos meninos
da minha terra
do meu chão
a história do corpo sem cabeça
que sucumbiu
a espumar pelos pés
por não ter cara

Não me vou esquecer
da história do homem sem rosto
que se perdeu na multidão

e que um dia
cansado do aleijão
fez uma máscara
ajustava-lhe bem...

Os meninos da minha terra
vão acompanhar-me no coro
de silimbique-nbique
juntaremos os nossos risos
as nossas vozes
perguntando à cabra cega
aonde vais (nunde ku bu na bai)
– Vou buscar leite
para os meus meninos

As nossas mãos
jogando ori
ágeis e lépidas
caroço a caroço
Os nossos dedos buscando
as pedras de doli
nos montinhos de areia

Construindo

E LARGOU NO VENTO A POESIA CANTO

Poesia
viagem
e fantasia
        a minha forma
                de
            lamento
            desabafo
a minha voz
o meu grito sussurrante
        o meu silêncio

em alarido
a dança
a minha dança
o meu vento
urdumunhu
desgrenhando
as folhas da vida

Poesia
canto
no fundo do meu canto
o meu chão
a minha terra
macaréu fustigando
saburas e mufunesa

— **Autora:** Odete Semedo (Guiné-Bissau)

—**Sugestões de abordagens pedagógicas:** identidade guineense; tradição oral guineense; guerra na Guiné-Bissau; literatura e sociedade

— **Referência:** SEMEDO, Odete Costa. *No fundo do canto*. Belo Horizonte: Nandyala, 2007.

Só derreal!

O menino negro aborda o casal de gringos brancos na sorveteria. Pega no braço do mais viril e faz gestos de abrir e fechar a boca, para frente e para trás. antes de dizer qualquer coisa, o mais feminino intervém: "ele quer sorvete, *darling*".

O outro olha com ar de dúvida. Faminto, o garoto tem os olhos muito dilatados, parece estar sob efeito de alguma droga. O homem pega suavemente em seu ombro e pergunta-lhe o sabor. O garoto, nervoso, se ajoelha e repete os gestos com a boca. Acrescenta mais um gesto, as mãos abertas, dez dedos. O preço.

"*Baby,* vamos embora. Você oferece sorvete e ele parece que só aceita se você der mais dez reais. Não, não. Muito dinheiro."

Na saída da sorveteria, enquanto os dois caminham de mãos dadas, o menino esbraveja: "Gringo pão-duro! Faço por cinco".

- **Autora:** Cidinha da Silva
- **Sugestões de abordagens pedagógicas:** vida urbana; exclusão racial; relações étnico-raciais no Brasil
- **Referência:** SILVA, Cidinha da. *Cada tridente em seu lugar*. Belo Horizonte: Mazza Edições, 2007.

As ciências da instiga

Louvo a botânica dos quintais
A elegância arisca nos brilhos do passo
O sublime destilado, as medicinas do cheiro
Os desenhos do gesto, quando a mordaça cintila
Na marcenaria do sonho, os entalhes da desforra,
da desfome
O artesanato do tesão, a oferenda do movimento
A estética da sustança, a infinita tecelagem
Os dentros da Lua, no corte dos cabelos
As façanhas da sanha, a meteorologia da fuça
As mínimas tranças do segredo
As cores de saúde na gamela
As sementes de gana, a paciência da colheita
A forja cavucando o giro do planeta
A física do curtume, o laboratório do oratório
A geometria do ritmo
As melodias, cristais do Tempo
A poesia da feira
A poesia crepitando na fogueira
500 anos de gambiarra

Os sublimes desse perfume, não pode perceber
quem lava todo dia, há séculos
o peito amuado, em paradas
empesteadas
Águas de Colônia.

- **Autor:** Allan da Rosa
- **Sugestões de abordagens pedagógicas:** condição do negro brasileiro; relações étnico-raciais; Brasil Colônia e contemporaneidade
- **Referência:** CADERNOS NEGROS: poemas afro-brasileiros. São Paulo: Quilomhoje, 2006. v. 29.

A escrava

– Minha mãe era africana, meu pai de raça índia; mas eu de cor fusca. Era livre, minha mãe era escrava.

Eram casados e desse matrimônio, nasci eu. Para minorar os castigos que este homem cruel infligia diariamente à minha pobre mãe, meu pai quase consumia seus dias ajudando-a nas suas desmedidas tarefas; mas ainda assim, redobrando o trabalho, conseguiu um fundo de reserva em meu benefício.

Um dia apresentou a meu senhor a quantia realizada, dizendo que era para o meu resgate. Meu senhor recebeu a moeda sorrindo-se – tinha eu cinco anos – e disse: A primeira vez que for à cidade trago a carta dela. Vai descansado.

Custou a ir à cidade; quando foi demorou-se algumas semanas, e quando chegou entregou a meu pai uma folha de papel escrita, dizendo-lhe:

– Toma, e guarda, com cuidado, é a carta de liberdade de Joana. Meu pai não sabia ler; de agradecido beijou as mãos daquela fera. Abraçou-me, chorou de alegria, e guardou a suposta carta de liberdade.

Então, furtivamente eu comecei a aprender a ler, com um escravo mulato, e a viver com alguma liberdade.

Isto durou dois anos. Meu pai morreu e repente, e no imediato meu senhor disse a minha mãe:

– Joana que vá para o serviço, tem já sete anos, e eu não admito escrava vadia.

Minha mãe, surpresa, e confundida, cumpriu a ordem sem articular uma palavra.

Nunca a meu pai passou pela ideia, que aquela suposta carta de liberdade era uma fraude; nunca deu a ler a ninguém; mas, minha mãe à vista do rigor de semelhante ordem, tomou o papel, e deu-o a ler, àquele que me dava lições. Ah! Eram umas quatro palavras sem nexo, sem assinatura, sem data! Eu também a li, quando caiu das mãos do mulato. Minha pobre mãe deu um grito, e caiu estrebuchando.

Sobreveio-lhe febre ardente, delírios, e três dias depois estava com Deus.

Fiquei só no mundo, entregue ao rigor do cativeiro.

– **Autor:** Maria Firmina dos Reis

– **Sugestões de abordagens pedagógicas:** condição do negro brasileiro; relações étnico-raciais; Brasil Colônia; gênero

– **Referência:** REIS, Maria Firmina dos. *Úrsula*. Florianópolis: Ed. Mulheres; Belo Horizonte: Ed. PUC Minas, 2004.

Ponciá Vicêncio
(Conceição Evaristo)

Ponciá Vicêncio, desde que voltara do povoado, mesmo não tendo encontrado a mãe e o irmão, começou a construir a certeza de que os dois estavam vivos. Encontrariam-se em algum lugar, talvez estivessem até perto dela, esperando que chegasse o tempo de tudo acontecer, para serem novamente os três. Ela não poderia desistir. Era preciso viver.

A mão continuava coçando e sangrando entre os dedos. Nesses momentos ela sentia uma saudade imensa de trabalhar com o barro. Havia dias, também, que o vazio que lhe enchia a cabeça vinha por duas ou três vezes. Se estivesse de pé, agarrava com força na beira da pia ou do tanque e esperava a sensação passar. Nem sempre passava rápido. Tinha muito medo de que a patroa visse. Sentia-se bem em trabalhar ali e, além do mais, estava gostando de um homem que trabalhava na construção ao lado.

– **Autora:** Conceição Evaristo

– **Sugestões de abordagem pedagógica:** relações étnico-raciais e de gênero; memória; escravidão no Brasil; artesania da palavra

– **Referência:** EVARISTO, Conceição. **Ponciá Vicêncio.** Edição especial. Belo Horizonte: Mazza Edições, 2003.

História de Quinze Dias

[...]

VIII

De interesse geral é o fundo da emancipação, pelo qual se acham libertados em alguns municípios 230 escravos. Só em alguns municípios!*

Esperamos que o número será grande quando a libertação estiver feita em todo o império.

A lei de 28 de setembro fez agora cinco anos. Deus lhe dê vida e saúde! Esta lei foi um grande passo na nossa vida. Se tivesse vindo uns trinta anos antes estávamos em outras condições.**

Mas há trinta anos, não veio a lei, mas vinham ainda escravos, por contrabando, e vendiam-se às escâncaras no Valongo. Além da venda, havia o calabouço. Um homem do meu conhecimento suspira pelo azorrague.

– Hoje os escravos estão altanados, costuma ele dizer. Se a gente dá uma sova num, há logo quem intervenha e até chame a polícia. Bons tempos os que lá vão! Eu ainda me lembro quando a gente via passar um preto escorrendo em sangue, e dizia: "Anda diabo, não estás assim pelo que eu fiz!" Hoje...

E o homem solta um suspiro, tão de dentro, tão do coração, que faz cortar o dito.

*Le pauvre homme!****

MANASSÉS

(*Ilustração Brasileira*, 1 de outubro de 1876)

---

* O autor faz a propaganda do *Fundo de Emancipação*, no afã de ver ampliadas as adesões à coleta de recursos para a compra da liberdade dos escravizados. Defendia uma solução pacífica para o problema, provavelmente por não desejar para o Brasil um desfecho traumático como o da guerra civil norte-americana.

** Machado comemora os cinco anos de vigência da Lei do Ventre Livre, aprovada em 28 de setembro de 1871m, que "emancipou" os filhos de escravos nascidos a partir daquela data. No entanto, um dispositivo incluído pelos conservadores obrigava os filhos do "ventre livre" – então nomeados "ingênuos" – à "prestação de serviços" aos senhores até completarem 21 anos, caso fosse esse o desejo do proprietário. De acordo com Chalhoub (2003), o autor, como funcionário graduado do Ministério da Agricultura, trabalhou intensamente em favor do pleno cumprimento da lei.

*** Aqui o cronista, além de trazer à tona a condenável brutalidade dos castigos corporais que vitimavam os cativos, faz a sátira do senhor de escravos acostumado a exercer a violência inerente ao sistema. A expressão em francês é uma citação do *Tartufo*, de Molière, cujo protagonista, marcado pelo oportunismo e hipocrisia que caracterizam seu comportamento, é a todo instante desmascarado perante o público.

- **Autor:** Machado de Assis
- **Sugestões de abordagens pedagógicas:** escravidão no Brasil; literatura e sociedade; relações étnico-raciais
- **Referência:** ASSIS, Machado. História de quinze dias. In: DUARTE, Eduardo de Assis. *Machado de Assis afrodescendente.* Rio de Janeiro: Pallas; Belo Horizonte: Crisálida, 2007.

OBS.: Os textos citados nesta seção pretendem estimular o(a) leitor(a) à leitura e aquisição das obras referenciadas, principalmente por se tratarem de publicações brasileiras.

Na verdade, esses fragmentos tornam-se um estímulo às inúmeras interações com o universo literário africano de língua portuguesa, em umn contexto de ampla reflexão sobre as relações histórico-culutrais de cunho étnico-racial no Brasil. Para tal, encontram-se referenciadas nos termos da Lei Autoral nº 9.610/1998, Título III, Capítulo IV, art. 46.

Algumas palavras finais

Nilma Lino Gomes

> *Com tantos abismos*
> *nada perturba.*
> *Inexoráveis as pontes.*
>
> (Embruxados. Edmilson de Almeida Pereira, 2001)

A professora Iris Amâncio, no artigo *A Lei 10.639/03, cotidiano escolar e literaturas de matrizes africanas: da ação afirmativa ao ritual de passagem,* que abre a presente coletânea apresenta a seguinte indagação: que fazer diante das lacunas que comprometem a implantação da Lei 10.639? Como conduzir a prática pedagógica, de forma que o dito na Lei corresponda, de fato, a um fazer em diferença?

O presente livro tem como intenção ser mais um passo para a superação dessa lacuna. Por meio da Literatura e, mais especificamente, do conhecimento da rica produção literária africana e afro-brasileira, o professor e a professora poderão encontrar alguns caminhos pedagógicos para o trato da questão africana e afro-brasileira na sala de aula. Caminhos estimulados pela Lei 10.639/03, que revelam a forte presença histórica, política, social e cultural africana na diáspora. É nesse contexto que o Brasil se localiza.

Enfatizamos nesta coletânea as literaturas africanas de língua portuguesa. Seria muito interessante se o trabalho aqui iniciado pudesse ser aprofundado e ampliado para a inserção da história, da cultura e da literaturas africanas de língua inglesa, francesa, espanhola, suaíli, amárico, somali, assim como a infinidade de línguas existentes nesse enorme e complexo continente. O desafio está lançado, pois tal trabalho ainda está por ser construído.

A realização do *I Curso de História da África e das Culturas Afro-brasileiras* pelo Programa Ações Afirmativas na UFMG e as atividades propostas pelas professoras/cursistas que participaram da disciplina *Literaturas africanas e afro-brasileira: principais autores e tendências* representam iniciativas concretas que vêm sendo realizadas por profissionais que atuam em várias escolas da Educação Básica brasileira e que compreenderam a urgência da implementação da Lei 10.639/03.

Muitas outras ações semelhantes existem em todo o Brasil. Várias delas têm como protagonistas os Núcleos de Estudos Afro-brasileiros (NEABs). Tal situação desmistifica uma fala recorrente entre aqueles que são contrários ao trato pedagógico da questão racial na escola brasileira: de que não existem práticas pedagógicas alternativas voltadas para o conteúdo da Lei 10.639/03. Rompe também com a ideia de que essa Lei só terá efeito depois que todos os docentes forem preparados para tal. Sem desconsiderar o importante e necessário papel da formação inicial dos professores em relação à questão em pauta, as ações pedagógicas sugeridas e desenvolvidas pelas professoras/cursistas revelam que já existem iniciativas concretas acontecendo na prática pedagógica. Muitos profissionais que as realizam têm sido estimulados(as) e orientados(as) mediante a sua inserção em processos de formação continuada de professores(as).

Há em todo o Brasil um grupo de educadores e educadoras que não se mostra passivo diante da constatação da ausência da discussão sobre África e questão afro-brasileira nos currículos dos seus cursos de formação inicial. Diante desse quadro, esses profissionais compreendem que é preciso agir. Para tal, buscam alternativas, realizam projetos, participam de cursos de aperfeiçoamento e especialização, a fim de superar as lacunas e as dificuldades existentes. Essa postura se faz coerente com a concepção defendida por Paulo Freire de que a educação é um ato político e, portanto, exige ação intencional, posicionamentos e escolhas.

Essa postura de educadores e educadoras que apostam na educação como direito social e emancipação social, por isso consideram o trabalho com a diversidade étnico-racial uma tarefa pedagógica e política lança questionamentos para os cursos de formação inicial de professores(as). Até quando os cursos de Pedagogia e de Licenciatura continuarão negando ou omitindo a inclusão do conteúdo da Lei 10.639/03 nos seus currículos? Até quando a discussão presente na Lei terá que continuar ocupando o lugar das disciplinas optativas ou será incluída com carga horária menor nas grades curriculares? Quantos e quais são os currículos de Pedagogia e de Licenciatura que incorporaram as discussões presentes na Lei 10639/03, a partir das novas diretrizes curriculares institucionalizadas pelo Ministério da Educação para cada um desses cursos? Quantas e quais são as pesquisas que caminham nessa direção, no campo educacional? Que tipo de conhecimento tem sido produzido, nessa perspectiva?

Há um provérbio africano que diz: "Conhecimento é outro nome para Força". Coerentes com essa sabedoria, oriunda de nossos ancestrais africanos, podemos dizer que o conhecimento precisa e deve ser um ato de emancipação intelectual, social, política e cultural. Portanto, é um ato de fortalecimento. Isso significa a capacidade de ver o outro, conviver com outros universos culturais, compreendê-los na sua diferença em relação a sua própria cultura e, assim, apontar novos caminhos, construir outras interpretações que ajudem o homem (e a mulher) a avançar na complexa aventura humana. Não significa conhecer o outro para melhor dominá-lo. De forma alguma! Por isso, o conhecimento que caminha em uma perspectiva emancipatória envolve a sabedoria da convivência, da ética, da partilha. A concepção de conhecimento visto como algo possível somente aos iluminados, aos grandes cientistas e gênios da humanidade e aos países desenvolvidos é excludente, antidemocrática e muito facilmente se torna racista e sexista. Lamentavelmente, essa ideia ainda impera em alguns setores acadêmicos e na Educação Básica. Dentro dessa concepção fechada e autoritária de conhecimento, a educação para a diversidade étnico-racial não encontra lugar e os sujeitos e suas diferenças sempre serão olhados com suspeita.

A Lei 10.639/03 e suas respectivas diretrizes curriculares nacionais trazem em si uma concepção emancipatória de conhecimento. Nelas está contida a ideia de que conhecer e compreender a história e a cultura africana e afro-brasileira é mais um passo no processo de libertação do racismo ambíguo ainda impregnado no imaginário e nas práticas sociais e pedagógicas. A ignorância tem sido ao longo da história da humanidade um campo fértil para a propagação de preconceitos. Dessa forma, a ignorância sobre a África e sobre a trajetória de ação, luta, resistência, efervescência cultural e política da comunidade negra brasileira têm sido empecilhos para a construção de uma educação antirracista e que caminhe na perspectiva diversidade.

A proposta de uma educação para a diversidade está no cerne da Lei 10.639/03 e de tantas outras legislações educacionais brasileiras que trazem para o currículo a discussão sobre o trato democrático das diferenças. Ela exige mudanças de postura pedagógica, o desafio do diálogo intercultural e intergeracional, a superação de preconceitos e estereótipos e uma postura aberta e democrática frente ao diverso. Implica também o diálogo da escola com os movimentos sociais, grupos culturais e organizações populares não mais para "conhecer a realidade do aluno", mas para compreender que é na vivência da sua realidade que esse aluno se constrói como sujeito e produz saberes, os quais devem ser vistos, considerados, respeitados e compreendidos pelo universo escolar. Estamos diante do desafio da *troca* e *da partilha* e não mais da hierarquização entre os saberes.

Referências:
crítica e historiografia

1 Literaturas africanas

ABDALA JR., Benjamin. *Literatura* – história e política. São Paulo: Ática, 1989.

ANDRADE, Mário Pinto (Coord.). *A arma da teoria* – Unidade e Luta I: obras escolhidas de Amílcar Cabral. 2. ed. Lisboa: Seara Nova, 1978.

AGUESSY, Honorat. Visões e percepções tradicionais. In: *Introdução à cultura africana.* Tradução de Emanuel L. Godinho e outros. Lisboa: Edições 70, 1980.

AMÂNCIO, Iris Maria da Costa. *África para crianças*: histórias e culturas africanas na educação infantil. Belo Horizonte: Nandyala, 2007.

AMÂNCIO, Iris Maria da Costa. *A ginga da rainha*. Belo Horizonte: Mazza, 2005.

AMÂNCIO, Iris Maria da Costa. Boaventura Cardoso: exercícios de estilo. In: *Boaventura Cardoso:* a escrita em processo. 1 ed. São Paulo: Alameda; Luanda: União dos Escritores Angolanos, 2005. v. 1.

AMÂNCIO, Iris Maria da Costa. A corda: um convite ao pensar In: *Portanto...* Pepetela. 1. ed. Luanda: Chá de Caxinde, 2003.

AMÂNCIO, Iris Maria da Costa. *Entrançamentos discursivos na literatura angolana dos anos 90.* Tese (Doutorado em Estudos Literários) – Universidade Federal de Minas Gerais, 2001.

AMÂNCIO, Iris Maria da Costa. O erótico ir-e-vir na literatura de Cabo Verde. *Cadernos CESPUC de Pesquisa*, v. 4, p. 192-207, 1999.

ANDERSON, Benedict. *Nação e consciência nacional.* Tradução de Lólio L. de Oliveira. São Paulo: Ática, 1989.

ANDRADE, Francisco Fernando da Costa. *Literatura angolana* (opiniões). Lisboa: Edições 70, 1980. (Estudos – Autores Africanos).

ANDRADE, Mário de. *Antologia temática da poesia africana.* (Na noite grávida dos punhais). 3. ed. Praia: ICL, 1980.

ANDRADE, Mário de. *Antologia temática da poesia africana.* (O canto armado). 2. ed. Praia: ICL, 1980.

APPIAH, Kwame Anthony. *Na casa de meu pai* – A África na filosofia da cultura Tradução de Vera Ribeiro. Rio de Janeiro: Contraponto, 1997.

ARISTÓTELES. *Poética.* Tradução de Eudoro de Sousa. Lisboa: Imprensa Nacional/ Casa da Moeda, 1986.

BACCEGA, Maria Aparecida. *História e arte – reflexões sobre a literatura angolana* Revista USP – Dossiê Brasil/África, n. 18, jun./jul./ago. 1993, p. 135-143.

BHABHA, Homi K. A questão do outro: diferença, discriminação e o discurso do colonialismo. In: HOLLANDA, Heloísa Buarque de (Org.). *Pós-modernismo e política.* Rio de Janeiro: Rocco, 1992. p. 177-203.

BHABHA, Homi K. *Narrando a nação e disseminação.* Tradução de Glória Maria Guiné de Mello Carvalho. Belo Horizonte, PUC Minas, 1995 (Cadernos CESPUC, Texto policopiado; cópia pré-publicação).

BHABHA, Homi K. *O local da cultura.* Tradução de Myriam Ávila, Eliana L. L. Reis e Gláucia R. Gonçalves. Belo Horizonte: UFMG, 1998.

CAETANO, Iris Maria da Costa A. Performances da oralidade na escrita *'xitu'* do "Mestre" Uanhenga. *Scripta,* Belo Horizonte: PUC Minas, 2002.

CAETANO, Iris Maria da Costa A. A "Sagrada Esperança" de Agostinho Neto: um manancial de interlocuções. In: DÖPKE, Wolfgang. *Crises e reconstruções.* Brasília: Linha Gráfica, 1998.

CAETANO, Iris Maria da Costa A. *Diálogos angolanos.* Dissertação (Mestrado) – PUC Minas, Belo Horizonte, 1996.

CÂNDIDO, Antônio. *A educação pela noite e outros ensaios.* São Paulo: Ática, 1989.

CHAVES, Rita; MACEDO, Tânia; VECCHIA, Rejane. *A kinda e a misanga:* encontros brasileiros com a literatura angolana. São Paulo: Cultura Acadêmica; Luanda, angola: Nzila, 2007.

DELEUZE, Giles; GUATTARI, Felix. *Kafka, por uma literatura menor.* Tradução de Júlio Castañon Guimarães. Rio de Janeiro: Imago, 1977.

ERVEDOSA, Carlos. *Roteiro da literatura angolana.* 2. ed. Lisboa: Edições 70, 1979. (Estudos: 4)

FANON, Frantz. *Pele negra, máscaras brancas.* Tradução de Maria Adriana da Silva Caldas. Salvador: Livraria Fator, 1983.

FANON, Frantz. *Os condenados da terra.* 2. ed. Rio de Janeiro: Civilização Brasileira, 1979.

FERREIRA, Manuel. *50 poetas africanos.* Lisboa: Plátano, 1989.

FERREIRA, Manuel. *Literatura africanas de expressão portuguesa.* 2. ed. Lisboa: Instituto de Cultura e Língua Portuguesa, 1986.

FERREIRA, Manuel. *Literaturas africanas de expressão portuguesa.* São Paulo: Ática, 1987.

FERREIRA, Manuel. *No reino de Caliban.* Lisboa: Seara Nova-Plátano, 1975.

FERREIRA, Manuel. *Que futuro para a Língua Portuguesa em África?* Lousã: ALAC, 1988.

FONSECA, Maria Nazareth Soares. Literatura africana de autoria feminina: estudo de antologias poéticas. *Scripta*: Revista do Programa de Pós-graduação em Letras do Centro de Estudos Luso-afro-brasileiros da PUC Minas, Belo Horizonte, v. 8, n. 15, p. 283-296, 2º sem. 2004.

FONSECA, Maria Nazareth Soares. Panorama das literaturas africanas de língua portuguesa. Caderno*s CESPUC de Pesquisa*: Belo Horizonte, n. 16, p. 13-69, set. 2007.

GILROY, Paul. *O atlântico negro.* São Paulo: Editora 34, 2001.

GOMES, Aldónio; CAVACAS, Fernanda. *Dicionário de autores de literaturas africanas de língua portuguesa.* Lisboa: Caminho, 1997.

GOMES, Simone Caputo. Artigos diversos disponíveis em <www.simonecaputogomes.com>.

HAMILTON, Russel G. *Literatura africana, literatura necessária.* Lisboa: Edições 70, 1980.

HAMILTON, Russel G. Introdução. In: SEPÚLVEDA, M. C.; SALGADO, M. T. *África & Brasil:* letras em laços. Rio de Janeiro: Atlântica, 2000, p. 11-35.

HERNANDEZ, Leila Leite. *A África na sala de aula* – visita à história contemporânea. São Paulo: Selo Negro, 2005.

KANDJIMBO, Luís. *Apologia de Kalitangi* – ensaio e crítica. Luanda: INALD, 1997.

KI-ZERBO, Joseph. *História da África Negra.* Tradução de Américo de Carvalho. Lisboa: Publicações Europa-América, 1978.

LARANJEIRA, Pires. *A negritude africana de língua portuguesa.* Porto: Afrontamento, 1995.

LARANJEIRA, Pires. *De letra em riste* – identidade, autonomia e outras questões na literatura de Angola, Cabo Verde, Moçambique e São Tomé e Príncipe. Porto: Afrontamento, 1992.

LARANJEIRA, Pires. *Literatura calibanesca.* Porto: Afrontamento, 1985.

LEÃO, Ângela Vaz. *Contatos e ressonâncias*: literaturas africanas de língua portuguesa. Belo Horizonte: PUC Minas, 2003.

LEITE, ANA Mafalda. *A modalização épica nas literaturas africanas.* Lisboa: Vega, 1995.

LEITE, ANA Mafalda. *Oralidades e escritas nas literaturas africanas.* Lisboa: Edições Colibri, 1998.

MACEDO, Jorge. *Literatura angolana e texto literário.* Luanda: UEA, 1989.

MARGARIDO, Alfredo. *Estudos sobre literaturas das nações africanas de língua portuguesa.* Lisboa: A Regra do Jogo, 1980.

MARGARIDO, Alfredo. Olhares de vivências, juízos afectivos – Luanda, minha cidade literária. *África Hoje*. Lisboa, Ano XIV, nov. 1998, p. 74.

MARGARIDO, Alfredo. *Pelos trilhos da literatura africana em língua portuguesa*. Pontevedra/Braga: Irmandades da Fala da Galiza e Portugal, 1992.

MEMMI, Albert. *Retrato do colonizado precedido pelo retrato do colonizador*. 2. ed. Rio de Janeiro: Paz e Terra, 1977.

MOREIRA, Terezinha Taborda. O vão da voz: a metamorfose do narrador na ficção moçambicana. Belo Horizonte: PUC Minas, Horta Grande, 2005.

MOSER, Gerald; FERREIRA, Manuel. *Bibliografia das literaturas africanas de expressão portuguesa*. Lisboa: Imprensa Nacional/Casa da Moeda, 1983.

MOURÃO, Fernando A. Albuquerque. *A sociedade angolana através da literatura*. São Paulo: Ática, 1979. (Ensaios, 38)

PADILHA, Laura Cavalcante. *Entre voz e letra* – o lugar da ancestralidade na ficção angolana do século XX. Niterói: EDUFF, 1995.

RIBAS, Óscar. *Misoso* – literatura tradicional angolana. Luanda: Tipografia Angolana, 1961. v. 1.

ROSÁRIO, Lourenço da Costa. *A narrativa africana*. Lisboa: ICALP/ANGOLÊ, 1989.

RUI, Manuel. Eu e o outro – o invasor (ou em três poucas linhas uma maneira de pensar o texto). Encontro Perfil da Literatura Negra, 1985, São Paulo. *Conferências*. São Paulo, 985.

SANTILLI, Maria Aparecida. *Africanidade*. São Paulo: Ática, 1985.

SANTILLI, Maria Aparecida. *Estórias Africanas* – história e antologia. São Paulo: Ática, 1985.

SARAIVA, José Flávio Sombra. *Formação da África contemporânea*. São Paulo: Atual, 1987.

SECCO, Carmen Lúcia Tindó Ribeiro. *Antologia do mar na poesia africana de língua portuguesa do século XX*. Rio de Janeiro: UFRJ, 1999. v. 1 e 2.

SEPÚLVEDA, Maria do Carmo; SALGADO, Maria Teresa. *África & Brasil:* letras em laços. Rio de Janeiro: Ed. Atlântica, 2000.

SOW, Alpha *et al*. *Introdução à cultura africana*. Tradução de Emanuel L. Godinho e outros. Lisboa: Edições 70, 1980.

2 Literatura/Cultura afro-brasileira

BASTIDE, Roger. *A poesia afro-brasileira*. São Paulo: Martins, 1943.

BERND, Zilá. *Introdução à literatura negra*. São Paulo: Brasiliense, s/d.

CÂNDIDO, Antonio. Os olhos, a barca e o espelho. In: *A educação pela noite e outros ensaios*. São Paulo: Ática, 1987.

DAMASCENO, Benedita Gouveia. *Poesia negra no modernismo brasileiro*. Campinas: Pontes, 1988.

DUARTE, Eduardo de Assis. Notas sobre a literatura brasileira afro-descendente. In: SCARPELLI, Marli Fantini; DUARTE, Eduardo de Assis (Orgs.) *Poéticas da diversidade*. Belo Horizonte: FALE/UFMG, 2002.

DUARTE, Eduardo de Assis. *Machado de Assis afro-descendente*. Rio de Janeiro: Pallas; Belo Horizonte: Crisálida, 2007.

FONSECA, Maria Nazareth Soares (Org.) *Brasil Afro-brasileiro*. Belo Horizonte: Autêntica, 2000.

FONSECA, M. N. S.; FIGUEIREDO, M. C. L. (Org.). *Poéticas afro-brasileiras*. Belo Horizonte: PUC Minas; Mazza, 2002.

IANNI, Octavio. Literatura e consciência. *Revista do Instituto de Estudos Brasileiros da USP*. Edição Comemorativa do Centenário da Abolição da Escravatura, n. 28. São Paulo: USP, 1988.

IANNI, Octavio. *Enigmas da modernidade-mundo*. Rio de janeiro: Civilização Brasileira, 2000.

MARTINS, Leda Maria. *Afrografias da memória:* o Reinado do Rosário no Jatobá. Belo Horizonte: Mazza Edições; São Paulo: Perspectiva, 1997.

MUSSA, Alberto Baeta N. Estereótipos do negro na literatura brasileira: sistema e motivação histórica. *Estudos afro-asiáticos*, 16. Rio de Janeiro: CEAA-UCAM, março, 1989.

MUSSA, Alberto. Origens da poesia afro-brasileira: condicionamentos lingüísticos. In *Estudos afro-asiáticos,* 19. Rio de Janeiro: CEAA-UCAM, dezembro, 1990.

NASCIMENTO, Gizêlda. A representação do negro na literatura brasileira. In NASCIMENTO, Elisa Larkin (Org.). *Sankofa*: resgate da cultura afro-brasileira. Rio de Janeiro: SEAFRO-UERJ, 1994. v. 2.

PEREIRA, Edimilson Almeida. Educação em festas populares. *Presença pedagógica*, Belo Horizonte, v. 9, n. 51, mai./jun., 2003.

PRADO, Antônio Arnoni. No alarme da antilira: o projeto. In: *Lima Barreto*: o crítico e a crise. São Paulo: Martins Fontes, 1989.

QUILOMBHOJE (Org.). *Reflexões sobre a literatura afro-brasileira*. São Paulo: Conselho de Participação e Desenvolvimento da Comunidade Negra, 1985.

SCHWARZ, Roberto. As idéias fora do lugar. In: *Ao vencedor as batatas*. São Paulo: Duas Cidades, 1977.

SCHÜLER, Donaldo. A prosa de Cruz e Souza. In: MOZART, Zahidé L. (Org.). *Travessia*, 26. Florianópolis: UFSC, 1993.

SUSSEKIND, Flora. *O negro como arlequim*: teatro e discriminação. Rio de Janeiro: Achiamé, 1982.

Anexos

A PRODUÇÃO LITERÁRIA AFRICANA DE LÍNGUA PORTUGUESA

1 - CLASSIFICAÇÃO DAS LITERATURAS AFRICANAS DE LÍNGUA PORTUGUESA
segundo Manuel Ferreira (1987)

LITERATURA COLONIAL	– homem europeu no universo narrativo ou poético: perspectiva eurocêntrica – homem negro: acidente (paternalismo, marginalização e/ou coisificação) – representação e prolongamento da realidade colonial
LITERATURAS AFRICANAS	– homem africano: sujeito do enunciado; tratamento literário – universo africano perspectivado de dentro: saneamento da visão folclorista e exótica – negação da legitimidade do colonialismo; revelação e valorização do universo africano
TAXONOMIA	– Literatura africana – Literaturas de língua oficial portuguesa – Literaturas africanas de expressão portuguesa

2 - ABORDAGENS DISCURSIVAS DAS LITERATURAS AFRICANAS DE LÍNGUA PORTUGUESA segundo Manuel Ferreira (1987)

SÉCULO XIX: expressão de um sentimento nacional   SÉCULO XX: afirmação de uma consciência nacional (até meados de 1980)

PAÍS/GÊNERO	CABO VERDE	S. TOMÉ E PRÍNCIPE	GUINÉ-BISSAU	ANGOLA	MOÇAMBIQUE
LÍRICA	orge Barbosa, Manuel Lopes, Osvaldo Alcântara, Pedro Corsino Azevedo, Arnaldo França, António Nunes, Aguinaldo Fonseca, Gabriel Mariano, Onésimo da Silveira, Ovídio Martins, Yolanda Morazzo, Arménio Vieira, Oswaldo Osório, João Vário, Timóteo Tio Tiofe, Corsino Fortes, Teobaldo Virgínio e Daniel Filipe	Francisco José Tenreiro, Alda do Espírito Santo, Maria Manuela Margarido,Tomás Medeiros e Marcelo Veiga	Amílcar Cabral, Agnelo Augusto Regalla, António Cabral, Helder Proença, Vasco Cabral, Tomás Paquete, José Pedro Sequeira, Nagib Said, Carlos Almada, Armando Salvaterra, Justino Nunes Monteiro, José Carlos, Mariana Marques Ribeiro, Nelson Carlos Medina, Aristides Gomes, Ytchiana, Djibril Balde, João José Silva Monteiro e Serifo Nane	Joaquim Cordeiro da Mata, Agostinho Neto, Viriato da Cruz, António Jacinto, Humberto da Sylvan, Mário de Andrade, Mário António, Alda Lara, Antero Abreu, Aires de Almeida Santos, João Abel, Tomás Jorge, Arnaldo Santos, Ernesto Lara Filho, António Cardoso, Costa Andrade, Alexandre Dáskalos, Manuel Lima, Manuel Rui, Jofre Rocha, David Mestre, Ruy de Carvalho, João Maria Vilanova, Monteiro dos Santos, Arlindo Barbeitos e Henrique Guerra	Rui de Noronha, Alberto Lacerda, Orlando Mendes, Fonseca Amaral, Noémia de Sousa, Reinaldo Ferreira, Virgílio de Lemos, Ruy Guerra, Marcelino dos Santos, Rui Nogar, José Craveirinha, Fernando Couto, Nuno Bermudes, Rui Knopfli, Fernando Ganhão, Sérgio Vieira, Francisco de Sousa Neves, Sebastião Alba, Eugénio Lisboa, Luís Carlos Patraquim e Maria de Sousa Lobo
NARRATIVA	Baltasar Lopes, Manuel Lopes, Teixeira de Sousa, António Aurélio Gonçalves, Luís Romano, Teobaldo Virgínio, Gabriel Mariano e Orlanda Amarílis	Viana de Almeida, Mário Domingues, Alves Preto e Sum Marky (José Ferreira Marques)		Alfredo Troni, Assis Júnior, Castro Soromenho, Óscar Ribas, Henrique Abranches, Mário António, Arnaldo Santos, José Luandino Vieira, António Cardoso, Costa Andrade, Manuel dos Santos Lima, Uanhenga Xitu, Manuel Pedro Pacavira, A. Bobela Mota, Manuel Rui, Jorge Macedo, Pepetela, Boaventura Cardoso, Jofre Rocha, Fragata de Morais, Ruy Duarte de Carvalho e Henrique Guerra	oão Dias, Luís Bernardo Honwana e Orlando Mendes
TEATRO		Expressões em crioulo (forro); Tchiloli e o Auto de Floripes	Expressões em crioulo (crioulo guineense)	Orlando de Albuquerque, Domingos Van-Dúnem, Pepetela, Costa Andrade, Henrique Guerra e Manuel dos Santos Lima, Fragata de Marais	Afonso Ribeiro, Orlando Mendes e Lindo Lhongo

3 - ABORDAGENS DISCURSIVAS DAS LITERATURAS AFRICANAS DE LÍNGUA PORTUGUESA atualizadas por Iris Amâncio
(Levantamento básico inicial)

SÉCULO XX (a partir de meados de 1980) e início do SÉCULO XXI: expressão e experimentação de múltiplas tendências discursivas

PAÍS/GÉNERO	CABO VERDE	S. TOMÉ E PRÍNCIPE	GUINÉ-BISSAU	ANGOLA	MOÇAMBIQUE
POESIA	Germano Almeida, António de Nevada, Daniel Euricles Rodrigues, Filinto Elísio, Gabriel Raimundo, Jacob, Jô Spínola, Jorge Soares, Jorge Tolentino, José António Lopes, José Luis Hopffer Cordeiro Almada, Lídia do Rosário, Madalena Tavares, Manuel Delgado, Manuel Galvão Batista, Mário Lúcio, Naiz Dîtanta, Naty Lima, Pé de Barro, Rodrigo de Sousa, Tales de Santana, Tchalé Figueira, Tché, Tomé Varela da Silva, Valentinous Velhinho, Vasco Martins	Conceição Lima, Aito Bonfim, Jerônimo Salvaterra	Odete Semedo, Tony Tcheka, Dulce Neves, Félix Siga, Julião Soares Sousa, Manuel da Costa, Maria Olinda Beja	Ana Paula Tavares, João Maimona, John Bella, Adriano Botelho de Vasconcelos, Amélia Dalomba, Ana de Santana, António Fonseca, António Panguila, Carlos Ferreira, Conceição Cristóvão, Domingos Florentino, Ana Major, Isabel Ferreira, Lopito Feijó, J. A. Trajano, Jacinto de Lemos, João Melo, Jorge Macedo, José Luis Mendonça, José Mena Abrantes, Kakiezu, Kudjimbe, Lisa Castel, Luís Kandjimbo, Luís Queta, Manuel Dionisio, Maria Alexandre Dáskalos, Maria Celestina Fernandes, Rui Augusto, Rui Burity da Silva, São Vicente, Vítor Jorge	Eduardo White, Alberto da Barca, Ana Mafalda Leite, Armando Artur, Filimone Meigos, Gulamo Khan, Hélder Muteia, Heliodoro Baptista, Juvenal Bucuane, Luis Carlos Patraquim, Nélson Saúte
NARRATIVA	Vera Duarte, António de Nevada, Carlos Araújo, Dina Salústio, Fernando Monteiro, João Lopes Filho, Manuel Veiga, Nicolau de Tope Vermelho, Vasco Martins	Albertino Bragança, Frederico Anjos	Abdulai Sila, Domingas Samy, Manuel da Costa, Odete Semedo	Ana Major, Jacques Arlindo dos Santos, Fragata de Morais, José Eduardo Agualusa, Ondjaki, Juliana Gongolo, Maria Celestina Fernandes, Maria do Carmo, Mota Yekenha, N'dá Lussulo, Silvio Peixoto, Sousa Jamba, Alberto Oliveira Pinto, Cremilde Lima, Dario de Melo, José Mena Abrantes	Ungulani Ba Ka Khosa, João Paulo Borges Coelho, Fátima Langa, Fernando Manuel, Florentino Dick, Hélder Muteia, Isaac Zita, Lília Momplé, Lina Magaia, Machado da Graça, Mia Couto, Orlando Muhlanga, Paulina Chiziane, Pedro Chissano, Raul Honwana, Severino Ngoenha, Suleiman Cassamo, Yavanha Ahóna
TEATRO	Augusto Ramos	Tchiloli e o Auto de Floripes (performances rituais)	Carlos Vaz	José Mena Abrantes (Elinga-Teatro), Fragata de Morais	Manuela Soeiro (Mutumbela Gogo), Gilberto Mendes (Gungu)

AS AUTORAS

IRIS MARIA DA COSTA AMÂNCIO

É mestre em Literaturas de Língua Portuguesa pela PUC Minas (1996) e doutora em Estudos Literários/Literatura Comparada pela Universidade Federal de Minas Gerais (2001). Publicou artigos sobre as Literaturas Africanas de Língua Portuguesa em livros, jornais e revistas especializadas, nacionais e estrangeiros, conteúdo que ministra em cursos de pós-graduação, atualização e aperfeiçoamento, na PUC Minas e na UFMG. Participa de diversas iniciativas socioculturais e científicas, no Brasil e no exterior, voltadas para a inclusão racial e para a reflexão crítica sobre as condições de acesso da população negra, principalmente no âmbito da cultura e da educação. Professora de Língua Portuguesa na PUC Minas, onde participou da institucionalização do Núcleo de Inclusão Racial - NIR, o qual coordena, organizou o "Seminário Internacional Brasil-África" (I em 2004 e II em 2006), concebeu e coordena o "Curso de pós-graduação em Estudos Africanos e Afro-brasileiros", atualmente exerce a função de Coordenadora de Pesquisa e de Pós-graduação na PUC Minas em Contagem. Autora dos livros *A ginga da Rainha* (Mazza Edições, 2005) e *África para Crianças* (Nandyala Livros, 2007), desenvolve atividades em parceria com o Programa Ações Afirmativas na UFMG. Tem-se voltado para estudos e pesquisas relativos ao teatro africano nos países de língua portuguesa, bem como à divulgação da produção literária desses cinco países no Brasil.

MÍRIAM LÚCIA DOS SANTOS JORGE

É doutora em Linguística Aplicada pela Faculdade de Letras da UFMG. Como professora adjunta da Faculdade de Educação da UFMG, atua na formação de professores de línguas estrangeiras, especialmente inglês. É coordenadora do Projeto EDUCOLE (Educação Continuada para Professores de Línguas Estrangeiras da UFMG). É membro do Programa Ações Afirmativas na UFMG, no qual é responsável pela formação teórica dos bolsistas. Atuou como professora visitante do departamento de Black Studies da University of California, Santa Barbara. Seus interesses de pesquisa mais recentes são voltados para as interfaces das questões raciais e educação, ensino crítico de inglês e Linguística Aplicada Crítica.

NILMA LINO GOMES

Professora Adjunta da Faculdade de Educação da UFMG. Doutora em Antropologia Social/USP e pós-doutora em Sociologia – Faculdade de Economia – Universidade de Coimbra. Coordenadora do Programa Ações Afirmativas na UFMG e membro da equipe do Programa Observatório da Juventude da UFMG. Tem-se dedicado a estudos e pesquisas sobre relações raciais e educação, formação de professores para a diversidade étnico-racial e movimentos sociais. Entre as suas publicações destacam-se: A *mulher negra que vi de perto* (Mazza, 1995), *O Negro no Brasil de Hoje*, em coautoria com Kabengele Munanga (Global/Ação Educativa, 2006), *Sem perder a raiz: corpo e cabelo como símbolos da identidade negra* (Autêntica, 2006) e *Um olhar além das fronteiras: educação e relações raciais* (Autêntica, 2007).

BOLSISTA DO PROGRAMA AÇÕES AFIRMATIVAS NA UFMG

SOLANGE DOS SANTOS BUENO DE MORAES

Natural de Pitangui/MG, mas passou a maior parte da sua vida em Pará de Minas e São José da Varginha. Sua trajetória remonta a uma família sempre mudando de territórios, em que ela e seus 5 irmãos, e seus pais, com sua criatividade sempre construíram novos espaços, trilhando, entre as limitações, na sua forma de descobrir o mundo. Nesses espaços, envolveu-se com teatro, música e dança. Participou como bolsista do programa Conexões de Saberes + Escola Aberta e através dele conheceu o Programa Ações Afirmativas na UFMG, do qual faz parte hoje. É graduanda do 6º período do curso de Psicologia da UFMG e atua como bolsista de iniciação científica na pesquisa *Movimento Negro, Saberes e Educação para a Diversidade*, coordenada pela Profa. Nilma Lino Gomes. Atua também como voluntária do Projeto Negras Imagens em Movimento, uma parceria entre a Fundação Cultural Palmares e o Programa Ações Afirmativas na UFMG, além de ser integrante do grupo de danças folclóricas Congá e fazer composições sobre as lutas e os sonhos que abraça.

Este livro foi composto com tipografia Times new roman, e impresso
em papel Off Set 75 g/m² na Formato Artes Gráficas.